Heide Stiebeler
Frauke van der Werff

Fit fürs Goethe-Zertifikat B2

Deutschprüfung für Jugendliche

Übungsbuch mit Audios online
Deutsch als Fremdsprache

Hueber Verlag

Quellenverzeichnis

Cover: von links: © Thinkstock/Stockbyte/Comstock Images; © Gettyimages/ E+/PeopleImages; © Thinkstock/iStock/AntonioGuillem; © Thinkstock/iStock/MachineHeadz S. 12: © PantherMedia/Verena Scholze S. 14: © Thinkstock/iStock/jacoblund S. 18: © Thinkstock/iStock/marilyna S. 20: © Getty Images/iStock Editorial/flavijus – Unbekannter Straßenmusiker am 27. Oktober 2014 in Berlin, Deutschland. S. 22: © Getty Images/E+/clu S. 25: von oben: © Thinkstock/iStock/ajr_images; © Thinkstock/iStock/Ridofranz; © Thinkstock/iStock/ajr_images S. 27: © Thinkstock/iStock/Viktor_Gladkov S. 29: © Victor Koldunov – stock.adobe.com S. 30: von oben: © pathdoc – stock.adobe.com; © Getty Images/E+/andresr; © Thinkstock/iStock/DragonImages S. 31: von oben: © Thinkstock/iStock/Ridofranz; © Thinkstock/iStock/Comeback Images; © Getty Images/E+/wundervisuals; © Getty Images/E+/FatCamera S. 32: © Getty Images/iStock/MangoStar_Studio S. 33: © Getty Images/E+/RelaxFoto.de S. 34: © Getty Images/E+/shapecharge S. 36: © terovesalainen – stock.adobe.com S. 45: von oben © Getty Images/E+/Vertigo3d; © Getty Images/E+/Topalov; © iStockphoto/AVAVA; © Getty Images/iStock/fizkes S. 46: © Getty Images/iStock/Bobex-73 S. 48: © Getty Images/iStock/bowdenimages S. 58: von links: © Thinkstock/Wavebreak Media; © irisblende.de; © iStock/Daniel Laflor S. 60: von links: © Getty Images/E+/hasuorium; © Getty Images/iStock/Phaelnogueira; © MEV/Hesselmann Herbert F.; © Iakov Filimonov – stock.adobe.com S. 62: © Getty Images/iStock/absolutely_frenchy S. 69: von links: © Getty Images/E+/Nicola Katie; © Thinkstock/iStock/Jacob Wackerhausen; © Getty Images/iStock/Wavebreakmedia S. 70: von links: © Thinkstock/iStock/AntonioDiaz; © Leonid – stock.adobe.com; © Getty Images/E/ajr_images S. 76: von links: © Getty Images/iStock/Antonio_Diaz; © julialine802 – stock.adobe.com; © Eléonore H – stock.adobe.com S. 80: © ArTo – stock.adobe.com S. 81: © Thinkstock/iStock/monkeybusinessimages S. 88: © Getty Images/iStock/miriam-doerr S. 90: © iStockphoto/Madzia71 S. 92: © Getty Images/E+/izusek S. 93: © Photographee.eu – stock.adobe.com S. 95: © Getty Images/iStock/MarioGuti S. 97: A © Thinkstock/iStock/LightFieldStudios; B © Getty Images/E+/Mikolette S. 98: Thinkstock/iStock/Rawpixel S. 100: A © Thinkstock/iStock/adeev007; B © Getty Images/E+/danchooalex; Mitte © Getty Images/E+/wundervisuals; C © Getty Images/E+/RoBoDeRo; D © Getty Images/iStock/AntonioGuillem S. 112: © Getty Images/E+/kali9 S. 115: von links: © Thinkstock/iStock/lisafx; © MaxWo – stock.adobe.com S. 117: von links: © Kzenon – stock.adobe.com; © Thinkstock/iStock/Stadtratte S. 120: von links: ©Getty Images/E+/kate_sept2004; © Getty Images/E+/Shania

Bildredaktion: Ahmadullah Dardmanesh, Hueber Verlag, München
Ein kostenloser MP3-Download zum Buch ist unter www.hueber.de/fit-fuer erhältlich.
© 2019 Hueber Verlag GmbH & Co. KG, München, Deutschland
Alle Rechte vorbehalten.
Sprecherinnen und Sprecher: Thomas Albus, Nils Dienemann, Stefanie Dischinger, Walter von Hauff, Anke Kortemeier, Hubertus von Lerchenfeld, Verena Rendtorff, Patrick Roche, Angelika Utto
Produktion: Spotlight Verlag GmbH, München

| 5. | 4. | 3. | | Die letzten Ziffern |
| 2029 | 28 | 27 | 26 | 25 | bezeichnen Zahl und Jahr des Druckes. |

Alle Drucke dieser Auflage können, da unverändert, nebeneinander benutzt werden.
1. Auflage
© 2020 Hueber Verlag GmbH & Co. KG, München, Deutschland
Umschlaggestaltung: Sieveking Agentur, München
Layout und Satz: Sieveking Agentur, München
Verlagsredaktion: Andreas Tomaszewski, Hueber Verlag, München
GPSR-Kontakt: Hueber Verlag GmbH & Co. KG, Baubergerstraße 30, 80992 München, kundenservice@hueber.de
Druck und Bindung: PASSAVIA – Druckservice GmbH & Co. KG, Medienstraße 5b, 94036 Passau, info@passavia.de
Printed in Germany
ISBN 978-3-19-031873-5

Art. 530_25790_001_03

Inhaltsverzeichnis

Modul Schreiben   **79**

Modul Sprechen   **96**

Anhang   **121**

Allgemeine Hinweise

Die vier Prüfungen im Überblick

Auf der Niveaustufe B2 kannst du vier Prüfungen ablegen:

- Lesen
- Hören
- Schreiben
- Sprechen

Du kannst die Prüfungen zusammen oder einzeln ablegen.
Die Prüfungen werden unabhängig voneinander bewertet.
In jeder Prüfung musst du 60 % der Punkte erreichen.

	Teil		Punkte	Minuten
Goethe-Zertifikat B2 Lesen	1 2 3 4 5	Statements zu einem Thema Reportage Artikel (aus einer Zeitung) Kurzkommentare Vorschriften (Kaufvertrag o. ä.)	insgesamt 100 (30 Aufgaben x 3,333 Punkte)	insgesamt 65 18* 12* 12* 12* 6* plus 3 Minuten für den Antwort- bogen
Goethe-Zertifikat B2 Hören	1 2 3 4	Alltagsgespräche, Mitteilungen Radiointerview Gespräch im Radio Vortrag	insgesamt 100 (30 Aufgaben x 3,333 Punkte)	insgesamt ca. 40 plus 5 Minuten für den Antwortbogen
Goethe-Zertifikat B2 Schreiben	1 2	Diskussionsbeitrag Formelle E-Mail	60 40 insgesamt 100	insgesamt 75
Goethe-Zertifikat B2 Sprechen	1 2	Vortrag (Präsentation) Über ein Thema sprechen (Interaktion)	insgesamt 100	pro Teilnehmer / -in 4 für zwei Teil- nehmende 5

*Diese Minutenangaben dienen für dich zur Orientierung: Länger solltest du für den jeweiligen Teil nicht brauchen, sonst kommst du am Ende in Zeitnot und schaffst nicht alle Aufgaben.

Die vier Prüfungen: Kurzbeschreibung

Goethe-Zertifikat B2   Lesen

Die Prüfung dauert circa 65 Minuten. In dieser Prüfung liest du 15 verschiedene Texte in unterschiedlicher Länge und löst dazu 30 Aufgaben. Bei jeder Aufgabe musst du etwas ankreuzen. Es gibt immer nur eine richtige Lösung.

Du hast die Prüfung bestanden, wenn du mindestens 18 Aufgaben (60 Prozent) richtig gelöst hast. Damit hast du die notwendige Mindestpunktzahl von 60 Punkten.

Goethe-Zertifikat B2   Hören

Die Prüfung dauert circa 40 Minuten. In dieser Prüfung hörst du 9 verschiedene Texte in unterschiedlicher Länge und löst dazu 30 Aufgaben. Bei jeder Aufgabe musst du etwas ankreuzen. Es gibt immer nur eine richtige Lösung.

Du hast die Prüfung bestanden, wenn du mindestens 18 Aufgaben (60 Prozent) richtig gelöst hast. Damit hast du die notwendige Mindestpunktzahl von 60 Punkten.

Goethe-Zertifikat B2   Schreiben

Die Prüfung dauert 75 Minuten. In dieser Prüfung schreibst du 2 verschiedene Texte.
Einen Diskussionsbeitrag (mindestens 150 Wörter) für ein Internetforum und eine formelle E-Mail (mindestens 100 Wörter).

Die Prüfenden bewerten deine Leistung nach einem festgelegten Bewertungssystem.
Die Bewertungskriterien sind:

- Wie gut und vollständig erfüllst du die einzelnen Aufgabenstellungen?
- Wie gut passt dein Text zur jeweiligen Situation und zum Kommunikationspartner?
- Wie gut ist dein Text aufgebaut und wie gut sind die einzelnen Teile miteinander verbunden?
- Wie gut ist dein Wortschatz?
- Wie gut beherrschst du die grammatischen Strukturen?

Du hast die Prüfung bestanden, wenn du 60 Punkte (60 Prozent) erreichst.

Goethe-Zertifikat B2   Sprechen

Die Prüfung dauert circa 15 Minuten für zwei Teilnehmende. Du sollst in der Prüfung zwei Aufgaben bearbeiten: Du hältst einen kurzen Vortrag (jeweils circa 4 Minuten) und sprichst mit deiner Partnerin / deinem Partner darüber. Anschließend tauschst du in einer Diskussion mit deiner Partnerin / deinem Partner deine Standpunkte zu einem Thema aus (circa 5 Minuten).

Du hast vor der Prüfung 15 Minuten Vorbereitungszeit. Du bekommst Aufgabenblätter zu den zwei Prüfungsteilen und kannst dir Notizen machen. In der Prüfung sollst du nicht vom Blatt ablesen, sondern frei sprechen.

Die Prüfenden bewerten deine Leistung nach einem festgelegten Bewertungssystem.
Die Bewertungskriterien sind:

- Wie gut und vollständig erfüllst du die einzelnen Aufgabenstellungen?
- Wie gut ist dein Vortrag aufgebaut und wie gut sind die einzelnen Teile miteinander verbunden?
- Wie gut führst du die Diskussion mit deiner Partnerin / deinem Partner? Wie reagierst du auf andere Redebeiträge?
- Wie gut ist dein Wortschatz?
- Wie gut beherrschst du die grammatischen Strukturen?
- Wie gut und verständlich ist deine Aussprache?

Du hast die Prüfung bestanden, wenn du 60 Punkte (60 Prozent) erreichst.

Ergebnisse

Das Zeugnis bescheinigt, welche Prüfungen du auf der Niveaustufe B2 bestanden hast.
Das Zeugnis weist zu jeder Prüfung die erreichte Punktzahl aus.

Modul Lesen

I Informationen zur Prüfung Goethe-Zertifikat B2 Lesen

Die **Prüfung Lesen** hat fünf Teile und dauert 65 Minuten.
Du liest 15 verschiedene Texte in unterschiedlicher Länge und sollst dazu 30 Fragen beantworten.

Du kannst die Reihenfolge, in der du die Teile bearbeiten möchtest, selbst bestimmen. Die Zeitangaben dienen zur Orientierung: Länger solltest du für den jeweiligen Teil nicht brauchen, sonst kommst du am Ende in Zeitnot und schaffst nicht alle Aufgaben.

Übersicht über die einzelnen Prüfungsteile

Teil	Texte	Aufgaben	Zeit	Ziel
1	Du liest Statements von vier verschiedenen Personen zu einem Thema von allgemeinem Interesse. Dazu gibt es 9 Fragen.	Du beantwortest neun Fragen, indem du entscheidest, welche von den vier Personen in ihrem Statement diese Meinung vertritt. Wähle jeweils **a**, **b**, **c** oder **d**. Die Personen können mehrmals gewählt werden.	ca. 18 Minuten	Du zeigst, dass du Meinungen und Einstellungen verstehst und entsprechend zuordnen kannst.
2	Du liest eine Reportage, in der an sechs Stellen ein Satz fehlt. Dazu gibt es acht Textbausteine.	Du entscheidest, welcher Satz in die entsprechende Lücke im Text passt. Du wählst sechs Lösungen aus den Sätzen **a** bis **h**.	ca. 12 Minuten	Du zeigst, dass du einen längeren Text verstehst und Lücken sinngemäß rekonstruieren kannst.
3	Du liest einen Zeitungsartikel aus dem öffentlichen Bereich.	Du beantwortest sechs Fragen zum Text. Wähle jeweils eine der Antworten **a**, **b** oder **c**.	ca. 12 Minuten	Du zeigst, dass du in einem längeren Text detaillierte Angaben verstehst.
4	Du liest acht Meinungsäußerungen zu einem Thema aus dem öffentlichen Bereich. Dazu gibt es sechs Überschriften.	Du suchst zu sechs Überschriften die passende Meinungsäußerung. Für eine Äußerung gibt es keine Überschrift. Wähle jeweils einen der Texte **a** bis **h**.	ca. 12 Minuten	Du zeigst, dass du die Standpunkte in den Meinungsäußerungen verstehst.
5	Du liest drei Abschnitte aus einem Text mit Instruktionen oder Regeln, z. B. einen Mietvertrag. Dazu gibt es acht Überschriften.	Du entscheidest, welche drei Überschriften zu den im Text vorgestellten Absätzen passen. Wähle jeweils eine der Möglichkeiten von **a** bis **h**.	ca. 6 Minuten	Du zeigst, dass du in einem komplexen Text die relevanten Informationen verstehst.

II Einstieg zum Lesen

A Textsorten erkennen

Wie heißt die Textsorte? Ordne die Textsorte den Texten A–K zu.

Zeitung • Kochbuch • Reiseprospekt • Flugblatt • Formular •
Vertrag • Fachtext • persönliche Mitteilung • Werbung •
~~formeller Schriftverkehr~~ • Bedienungsanleitung

TIPP
Wenn du weißt, um welche Textsorte es sich handelt, kannst du den Inhalt eines Textes leichter verstehen.

HILFE
Markiere: Welche Wörter sind typisch für diese Textsorte?

A _formeller Schriftverkehr_
<u>Sehr geehrte Damen und Herren</u>, ich habe <u>Ihre Anzeige</u> im Internet gelesen und möchte mich hiermit um ein Stipendium bewerben …

B _____
Der _smartdevil_ ist ein Staubsauger ohne Staubsaugerbeutel, d. h., dass man den Staubraum regelmäßig entleeren muss. Der Staubraum wird geöffnet, indem man auf den roten Knopf drückt …

C _____
Wenn ihr Berlin in zwei Tagen erleben wollt, dann sind wir der perfekte Partner! Eine Sightseeing-Tour mit dem Bus, eine Kultur-Tour in Berlin Mitte, eine Party in einem der Clubs von …

D _____
Schulstreik! Kommt alle!
Am Freitag demonstrieren wir wieder gegen die Klima-Politik. Wir treffen uns um 10.00 Uhr auf dem Schulhof. Bringt Plakate mit!

E _____
Die neue Mode: online und besonders billig!
Kauft bequem per Mausklick, was immer ihr wollt! Die neue Herbstmode ist nur bei uns so günstig: www.herbst-so-billig.de

F _____
§ 6 Die vorstehenden Vereinbarungen treten in Kraft, sobald die Vertragsparteien das Abkommen unterzeichnet haben.

G _____
Die perfekte Zwiebelsuppe gibt es eigentlich nicht. Jeder träumt davon, aber auch den Pariser Sterneköchen gelingt es nur, immer neue Variationen zu erfinden. Unsere Frage ist: Schmecken die wirklich besser? Wir empfehlen: Nehmen Sie ein Pfund Zwiebeln …

H _____
Der Wirtschaftsminister spricht im Bundestag
Ist die Hochkonjunktur in Deutschland zu Ende? Müssen wir uns auf eine Inflation vorbereiten? Die Rentner fürchten um ihre finanzielle Sicherheit …

I _____
Weißt du, ich schaffe es heute nicht mehr mit den Mitteilungen an die Mitschüler. Kannst du das bitte machen? Du findest alle Infos in deinen E-Mails. Danke, Sofie

J _____
Bitte ausfüllen:
Familienname: …
Vorname: …
Geburtsdatum: …

K _____
Der Output eines Sprachproduktionsprozesses ist ein Text, der – einmal geäußert oder geschrieben – zu einem Gegenstand wird, der von einem bestimmten Medium transportiert und von seinen Produzenten unabhängig wird. Dieser Text wird dann …

B Niveaustufen erkennen – Was ist B1? Was ist B2?

a Lies die Aussagen 1 bis 5 und die Texte A bis E. Was denkst du:
Welche Aussage passt zu welchem Text? Mehrere Lösungen sind möglich.

1 „In dem Text gibt es keine komplizierten und schwierigen Satzverbindungen." _____

2 „In dem Text gibt es zur Hauptinformation verschiedene Beispiele." _____

3 „In dem Text wird das Schlüsselwort erklärt und die Sätze sind nicht kompliziert." _____

4 „Schlüsselwörter werden nicht erklärt. Es gibt komplizierte Ausdrücke mit
   Nomen, Verben und Präpositionen." _____

5 „Schlüsselwörter werden nicht erklärt, es gibt schwierige Fachausdrücke." _____

A In der Schweiz gibt es vier Landessprachen: Man spricht Deutsch, Französisch, Italienisch und Rätoromanisch. Das Schweizer Hochdeutsch wird vor allem in geschriebenen Texten benutzt, in Büchern, Zeitschriften und Zeitungen. Man hört es aber auch im Fernsehen und im Radio. Sonst sprechen die Schweizer gern Schweizerdeutsch, außer wenn sie sich mit Ausländern unterhalten. Aber auch im Gespräch mit den deutschen Nachbarn heißt es „Velo" statt Fahrrad, „Tram" statt Straßenbahn und „Grüezi" statt Guten Tag.

B 1 ☐   B 2 ☐

B In der Schweiz ist Deutsch neben Französisch, Italienisch und Rätoromanisch eine der vier Landessprachen. Tatsächlich ist Deutsch die meistverbreitete Mutter- und Verkehrssprache: 17 der 26 Schweizer Kantone sind einsprachig deutsch, in drei weiteren Kantonen gelten sowohl Deutsch als auch Französisch als Amtssprache. Aber falls ein Schweizer z. B. aus dem deutschsprachigen Kanton Zug in den französischsprachigen Kanton Neufchatel umzieht, hat er kein Recht darauf, mit den Behörden und Ämtern auf Deutsch zu verhandeln.

B 1 ☐   B 2 ☐

C In den deutschsprachigen Ländern engagieren sich viele Menschen in einer ehrenamtlichen Arbeit. Oft handelt es sich dabei um Menschen im Rentenalter, aber es gibt durchaus auch zahlreiche junge Leute, die sich vor dem Studium entweder für ein Jahr im Europäischen Freiwilligendienst oder in einer anderen sozialen oder ökologischen Institution entscheiden. Im Ehrenamt hat man die Wahl unter vielerlei Aktivitäten, man hat die Möglichkeit, z. B. bei der Feuerwehr, im Sportverein, in der Sozial- oder Gemeindearbeit tätig zu werden.

B 1 ☐   B 2 ☐

D   Wenn jemand sagt, dass er ehrenamtlich arbeitet, heißt das, dass er für seine Arbeit nicht bezahlt wird. Viele Rentnerinnen und Rentner möchten nicht gern den ganzen Tag zu Hause sitzen und Freizeit haben. Sie möchten weiter in ihrem erlernten Beruf arbeiten, aber ohne Stress und nicht mit einer 40-Stunden-Woche.
Es gibt viele Möglichkeiten: in Schulen, Krankenhäusern, im Kulturzentrum oder in der Stadtbibliothek. Junge Leute können sich um ein Freiwilliges Soziales Jahr bewerben. Dafür gibt es ein Taschengeld, Fahrgeld und manchmal eine Unterkunft.

B 1 ☐   B 2 ☐

E   Die Stiftung Warentest hat sich im Interesse der Kunden drei große Anbieter von Teleshopping einmal genauer angeschaut. Das Ergebnis ist eher enttäuschend: durchschnittliche Qualität, ziemlich hohe Preise, grelle und nervige grafische Aufmachung. Die rechtlichen Rahmenbedingungen und der Service wurden zwar als angemessen beurteilt, aber auch dabei gibt es Lücken und Pannen. Häufig wird trotz fristgerechter Rücksendung der Waren nicht der Kaufpreis zurückerstattet, sondern es erfolgt nur eine Gutschrift, und die nicht einmal in voller Höhe.

B 1 ☐   B 2 ☐

b   Was glaubst du? Zu welcher Niveaustufe gehören die Texte 1 bis 5 in a? B1 oder B2?
Kreuze an. Vergleiche dann mit dem Lösungsschlüssel.

c   Lies noch einmal die B2-Texte in a. Was ist typisch für die Niveaustufe B2?
Kreuze an.

☐ komplexe Sachtexte
☐ persönlich geschriebene Texte
☐ kurze Sätze
☐ kompliziertere Verbindungen von Nomen, Verben und Präpositionen
☐ zweiteilige Konnektoren
☐ Infinitivsätze

C Selektiv lesen – bestimmte Informationen verstehen

1 Eine Geschichte erzählen

a Bring die Textabschnitte in die richtige Reihenfolge.   🕐 10 Minuten

TIPP

Beim Lesen auf der B2-Stufe geht es vor allem darum, Inhalte schnell zu verstehen. Bei dieser Übung sollst du nicht jedes Wort lesen, sondern möglichst schnell entscheiden: Wie geht die Geschichte weiter?

HILFE

Lies zuerst den Abschnitt C 1.
Überlege: Was passiert jetzt?
Suche dann den nächsten Abschnitt.

Mein Leben mit Lilly

A ____ Ich hatte leider keine Termine oder Verpflichtungen – nein, ich saß um halb sechs hellwach in unserer Küche und hatte gar nichts zu tun. Zuerst überlegte ich, ob ich vielleicht staubsaugen sollte, damit wenigstens Mike auch bei mir in der Küche sitzen würde, ich hab's dann aber nicht getan. Stattdessen habe ich mir einen Tee gemacht und das neue Kochbuch von E. Michels aufgeschlagen.

B ____ Ich bin also in die Küche gestolpert, während Lilly zwischen meinen Beinen herumlief und so tat, als wäre sie schon halb verhungert. Nach dem Essen verschwand sie sofort durch die Katzenklappe in den Garten. Offenbar hatte sie eine Verabredung oder ein wichtiges Meeting, zu dem sie nicht ohne Frühstück erscheinen wollte.

C _1_ Heute hat sie mich schon um halb sechs geweckt. Sie kam in mein Bett und ist so lange auf mir herumgelaufen, bis ich richtig wach war. Natürlich war ich sauer! Am liebsten hätte ich sie zu Mike rübergeschubst, aber das hätte ja nur bedeutet, dass dann zwei Leute wach und schlecht gelaunt gewesen wären.

D ____ Als Mike mich auf dem Handy anrief, saß ich im Wartezimmer, während Lilly gerade versorgt wurde. Er war ziemlich wütend, denn offenbar hatten die Nachbarn schon die Feuerwehr gerufen, weil sie einen Brandgeruch im Treppenhaus bemerkt hatten. Ich konnte Lilly gleich wieder mitnehmen, aber ich bin erstmal mit ihr ins „Café Eisenstein" gegangen, damit ich zu einem Frühstück mit einem unverbrannten Muffin kam und Mike sich ein bisschen beruhigen konnte.

E ____ Auf Seite 102 habe ich ein tolles Rezept für Muffins entdeckt: Mehl, Eier, Butter, Zucker, Milch und ein paar Gewürze, die Zubereitung war meiner Meinung nach supereinfach. Ich habe sofort angefangen, den Teig zu rühren, das ging ganz schnell. Um sechs konnte ich die Muffin-Förmchen schon in den Ofen schieben. Das würde ein wunderbares Sonntagsfrühstück werden!

F ____ Um Viertel nach sechs klingelte es an der Wohnungstür: Da stand mein Nachbar, mit einer jämmerlich schreienden Lilly im Arm. Ihr Fell war blutig, ein Ohr war zerrissen, sie sah aus wie ein Unfallopfer. Der Nachbar sagte, dass sie mit einem Hund gekämpft habe, sie sei eine richtige Heldin. „Gut", sagte ich, „dann fahren wir eben wieder zum Notfall-Tierarzt, es ist ja erst das dritte Mal in diesem Monat."

Bis morgen,
eure Britta

b **Beantworte die Fragen.**

1 Warum ist Britta so früh aufgestanden?
2 Was wollte Lilly um halb sechs?
3 Was hat Britta um 6:00 Uhr morgens gemacht?
4 Was sagt der Nachbar über Lilly?
5 Warum ruft Mike an?
6 Warum fährt Britta vom Tierarzt nicht direkt nach Hause?

2 **Wo steht die Information?**

a **Lies den Text.**   ⏲ 6 Minuten

TIPP
Du kannst zuerst den Text lesen und dich dann mit den Aufgaben beschäftigen. Du kannst aber auch zuerst die Aufgabe 1 lesen und dann die Stelle im Text suchen. Probiere beide Methoden aus: Welche passt besser zu dir?

HILFE
Überlege: Wer hat den Text geschrieben?
Worum geht es?
Was erfahren wir in diesem Text?

Anitas Küchentipps

In den letzten Ferien habe ich in einem schicken Kochstudio einen Kochkurs besucht. Eigentlich habe ich dort nicht viel gelernt, denn ich musste praktisch die ganze Zeit Gemüse schneiden. Manchmal durfte ich allerdings auch in den Töpfen herumrühren. Der Seminarleiter war ein sehr strenger älterer Herr mit einer stark ausgeprägten Vorliebe für die Suppenküche.

5 Vielleicht interessiere ich mich deshalb nicht für Gemüsesuppen oder andere Formen von flüssigen Vorspeisen. Für mich sollte der erste Gang knusprig, leicht und pikant sein, z. B. diese köstlichen kleinen Zwiebelpfannkuchen, die so gut zu einem leichten Tomatensalat passen.

Man braucht dafür nur Zwiebeln, Eier, Mehl und Sojasoße. Die Zubereitung ist denkbar einfach, und wenn ihr eine gemütliche Küche mit Essecke habt, solltet ihr die Pfannkuchen vor den
10 Augen eurer Freunde braten und sofort von der Pfanne auf die Teller servieren.

So bereitet ihr den Teig für die Pfannkuchen vor: 500 g Schalotten …

---

b **Lies die Aufgaben 1 bis 6. Notiere, in welcher Zeile du die Antwort findest.**

HILFE
Markiere die Schlüsselwörter in der Aufgabe.

1 <u>Wo</u> hat der <u>Kochkurs</u> stattgefunden?   Zeile: _____
2 Wie beurteilt Anita den Kurs?   Zeile: _____
3 Was schlägt Anita für den Beginn eines Menüs vor? Zeile: _____
4 Welche Zutaten sind dafür nötig?   Zeile: _____
5 Welche Beilage empfiehlt Anita zur Vorspeise?   Zeile: _____
6 Soll man die Vorspeise kalt oder warm essen?   Zeile: _____

3 Wo steht die Antwort?

Lies das Beispiel und die Aufgaben 1 bis 4 und die „Bibliotheks-Ordnung".
Notiere, in welchem Abschnitt du die Antworten finden kannst, wie im Beispiel.

Kreuze dann die richtige Antwort a, b oder c an. 🕐 10 Minuten

> **TIPP**
> Lies den Text nicht detailliert. Suche nur die Lösungen für die Aufgaben
> 1 bis 4. Das bedeutet, dass du nicht alle Abschnitte lesen musst!

> **HILFE**
> Markiere die Schlüsselwörter in der Aufgabe.
> Suche dann den passenden Abschnitt und die
> Lösung im Text.

Beispiel:

0 Wie viel muss ein Schüler für den Bibliotheksausweis bezahlen?
Abschnitt *§ 5 Kosten jährlich*
a ☐ Fünf Euro.
b ☐ Nichts.
c ☐ Zehn Euro.

1 Was muss man tun, um einen Bibliotheksausweis zu bekommen?
Abschnitt _____
a ☐ Man muss immer den Pass und das Anmeldeformular mitbringen.
b ☐ Man muss online ein Formular ausfüllen.
c ☐ Man muss seinen Ausweis in der Bibliothek vorlegen.

2 Wie lange darf man ein Buch behalten?
Abschnitt _____
a ☐ Zwei Monate.
b ☐ Zwei Wochen.
c ☐ Vier Wochen.

3 Wer bekommt den Bibliotheksausweis ermäßigt?
Abschnitt _____
a ☐ Auszubildende.
b ☐ Kinder.
c ☐ Rentner.

4 Wie viele Bücher oder CDs kann man mitnehmen?
Abschnitt _____
a ☐ Mehr als fünfzig.
b ☐ Sechzehn.
c ☐ So viele, wie man will.

Bibliotheks-Ordnung

Um Medien mit nach Hause nehmen zu können, benötigen Sie einen Bibliotheksausweis. Einen Bibliotheksausweis können Sie innerhalb der Öffnungszeiten in Ihrer Bibliothek beantragen.

§ 1 Bibliotheksausweis
Für die Ausstellung eines Bibliotheksausweises benötigen Sie
– einen gültigen Personalausweis oder
– den Pass und die amtliche Meldebestätigung.

Die Anmeldung von Erwachsenen erfolgt vor Ort ohne Ausfüllen von Formularen.
Für den Jahresausweis gibt es Ermäßigungen für einige Personengruppen.
Die Ausweise sind personenbezogen und nicht auf andere Personen übertragbar!

§ 2 Anmeldung Kinder und Jugendliche unter 18 Jahren
Bei der Anmeldung von Kindern und Jugendlichen unter 18 Jahren benötigen wir die Unterschrift eines Erziehungsberechtigten. Von dieser Person benötigen wir außerdem den Personalausweis oder den Pass und die amtliche Meldebestätigung. Bitte nutzen Sie die Möglichkeit, das Anmeldeformular für Kinder und Jugendliche schon vorab auszudrucken und auszufüllen.

§ 3 Ausweisgültigkeit
Die Bibliotheksausweise sind ab Anmeldetag ein Jahr gültig.
Die Bibliotheksausweise gelten in allen öffentlichen Bibliotheken Berlins und der Stiftung Zentral- und Landesbibliothek Berlin (Amerika-Gedenkbibliothek und Berliner Stadtbibliothek).

§ 4 Ausleihe
Standard-Ausleihfrist	28 Kalendertage
CDs, MCs, DVDs, Blu-ray-Discs, Videos, Konsolenspiele, Zeitschriften	14 Kalendertage

Sie können bis zu 60 Medien gleichzeitig ausleihen.

§ 5 Kosten jährlich
Personen über 16 Jahre, Standard-Beitrag	10,00 Euro
Studentinnen und Studenten, Teilnehmende an einem freiwilligen sozialen Jahr, Personen in Berufsausbildung, Jugendleiterinnen und Jugendleiter	5,00 Euro
Empfänger von Arbeitslosengeld, Sozialhilfeempfänger, Kinder, Schülerinnen und Schüler, Schulen, Kindergärten und ähnliche Einrichtungen	entgeltfrei

D Detailliert lesen – Einzelheiten verstehen

1 Jedes Wort ist wichtig.

**Was passt? Ordne den Sätzen 1–7
die Reaktionen a–g zu.**

TIPP
Wenn du die Schlüsselwörter in den Sätzen 1–7 markierst, kannst du bei a–g gezielt nach den passenden Reaktionen suchen.

HILFE
Markiere die Schlüsselwörter.

1 Morgen um 20:00 <u>Veranstaltung im Kulturhaus</u>. Kommst du mit?   *c*
2 Kommst du morgen mit nach Köln, zum Shoppen?
3 Probleme mit dem PC. Komm schnell!
4 Bin heute krank. Bringst du mir die Hausaufgaben?
5 Kannst du heute einkaufen? Ich muss länger arbeiten.
6 Habe Karten fürs Open-Air-Konzert. Kommst du mit?
7 Bei uns gibt es heute Rinderbraten. Hast du Appetit?

a Was ist los? Kommst du noch ins Internet?
b Ja, schon. Aber ich bin doch Vegetarier!
c Weiß nicht, <u>was gibt's da</u>?
d Weißt du, dass es heute Abend ein Gewitter geben soll?
e Tut mir leid, muss heute Nachmittag bei meiner Schwester babysitten.
f Was brauchen wir denn?
g Schade, mein Taschengeld ist alle!

2 Welche Anzeige passt?

**Verschiedene Jugendliche überlegen, was sie am Wochenende machen wollen.
Lies die Situationen 1 bis 5 und die Anzeigen a bis h. Ordne zu:
Welche Anzeige passt zu welcher Person?
Für eine Situation gibt es keine Lösung. In diesem Fall schreibst du 0.
Du kannst jede Anzeige nur einmal benutzen.**

🕐 10 Minuten

HILFE
Markiere die Schlüsselwörter in den Aufgaben, suche dann in den Anzeigen die Lösung. Löse zuerst die Aufgaben, die dir leichtfallen.

TIPP
Es ist wichtig, die Schlüsselwörter in der Aufgabe zu markieren, weil du dann gezielt nach der Lösung im Text suchen kannst. In der Aufgabe und im Text werden nicht die gleichen Wörter verwendet.

Beispiel:
Stefan ist ein <u>guter</u> und begeisterter <u>Fußballspieler</u>.   Anzeige *f*

1 Marco und seine Freunde wollen eine Fahrradtour machen.   Anzeige ____
2 Benni will ans Meer fahren, Spaß haben und neue Freunde finden.   Anzeige ____
3 Birgit und Jutta wollen mit ihren Eltern wandern. Es darf aber nicht anstrengend sein.   Anzeige ____
4 Bernd sucht einen guten Sportklub. Er möchte Krafttraining machen.   Anzeige ____
5 Josefine möchte einen Bauernhof besuchen, wo es viele Tiere gibt.   Anzeige ____

a

Schwimmen und feiern an der Nordsee

Am Samstag in Harlesiel:
Strandfest für Teenager ab 12 Jahren.

- Surfschule
- Schwimmwettbewerb
- Beach-Volleyball
- Trampolinspringen

Ab 18.00 Uhr: große Beach-Party
mit DJ Cortes

www.strandfest-nordsee.com

b

The other place – Tag der offenen Tür

ein Fitness-Center speziell für junge
und ältere Damen. Am Sonntag
könnt ihr es besser kennen lernen:

- Qi Gong, Karate, Yoga
- Konditions- und Muskeltraining
- Pilates, Step, Aerobic

www.the-other-place.de

c

Tagesausflug nach Potsdam

Auf dem Havelradweg von Spandau zum
Wannsee und weiter nach Potsdam. Geübte
Ausflugs-Fans finden den Weg ohne Proble-
me. Rückfahrt mit Zug oder Schiff möglich.
Infos: www.tourismus-brandenburg.com

d

Fit für die Bergwanderung?

Von Innsbruck mit der Kettenbahn zur
Bergstation, dann bergauf zur Pfeishütte.
Du musst 500 m steigen, aber der Blick ist
herrlich. Wichtig: gute Bergschuhe!

www.alpentourismus.at/innsbruck

e

Die Müritz zu Fuß erleben

Von Waren mit dem Schiff nach
Malchow. Der Weg nach Röbel
(ca. 8 km) führt durch unberühr-
te Natur, vorbei an kleinen Seen.
Von Röbel nach Waren zurück
fährt jede Stunde ein Schiff.

www.erlebnisführer.
mecklenburg.expert.de

f

Der VFB Stuttgart sucht begabte Nachwuchsspieler (ab 12 Jahre):

Zwei Tage Training im großen Stadion.
Trainieren mit wirklichen Profis.
Beobachtung durch erfahrene Trainer.
Freundschaftsspiel am Sonntag

g

Besucht uns auf dem Sternengut!

Bei uns finden alte Hunde, kranke Kühe,
Schafe und Pferde einen schönen Ort
zum Leben. Ihr könnt hier Spaß haben, ihr
könnt uns aber auch bei der Arbeit helfen!
Anmeldung: 01703326719

h

Workshop am Samstag von 14.00 bis 19.00

In der DJs-Dancehall gibt es am Samstag
Schnupperkurse für Jugendliche.

Teilnehmer: Anfänger und Fortgeschrittene
Teilnahmegebühr: keine
Anmeldung: info@djs-dancehall.org

E Standpunkte erkennen

Welche Aussage passt?

Verschiedene Jugendliche sagen in einem
Internetforum ihre Meinung zum Thema:
„Gesunde Ernährung".

a Lies die Meinungen 1 bis 5.

Beispiel:

1 <u>Ich esse kein Fleisch</u>, weil ich weiß, dass alle Tiere eine Seele haben.
Wie kann man tote Tiere essen? Ich finde schon den Gedanken furchtbar!
Wenn ich ein blutiges Steak sehe, wird mir einfach schlecht. Ich bin fest
davon überzeugt, dass <u>unser Körper viel besser funktioniert</u>, wenn wir
uns <u>nur von Getreide, Gemüse und Obst ernähren</u>.
Milena, 16

2 In meiner Familie wird das Thema häufig diskutiert. Meine Schwester ist Veganerin, sie isst nicht
mal Eier oder Honig. Ich mag auch nicht gern Fleisch, aber eine so radikale Einstellung finde ich
nicht richtig. Das kann zu Mangelerscheinungen führen. Und mein Vater möchte gern mal einen
Sonntagsbraten haben. Für meine Mutter ist das Kochen also ziemlich schwierig.
Bastian, 14

3 Heutzutage sind viele Leute der Meinung, dass Fleisch und Wurst schädlich sind. Ihrer Meinung
nach ist Vegetarismus Pflicht, wenn man seinen Körper gesund erhalten will. Menschen sind
aber Allesfresser, unser Körper braucht Eisen, Vitamine und Mineralstoffe, die es nur in Fleisch
und Wurst gibt. Außerdem essen die Menschen schon seit mehr als tausend Jahren Fleisch.
Stefan, 17

4 Wer einmal gesehen hat, wie Schweine oder Hühner in der Massentierhaltung leben müssen,
hat bestimmt keinen Appetit mehr auf billige Grillhähnchen! Wenn man unbedingt Fleisch essen
möchte, dann sollten es Bio-Produkte sein, die der Gesundheit nicht schaden. Gute regionale
Produkte vom Fleischer halte ich für gesundes Essen.
Thomas, 16

5 Viele von meinen Freundinnen leben vegetarisch, aber ich glaube nicht, dass es dabei um die
Tiere oder die Umwelt geht. Im Vordergrund steht vielmehr die schlanke Figur und eine schöne
Haut. Natürlich ist es gesünder, wenn man wenig Fett und Zucker zu sich nimmt, aber es gibt
auch Fleischgerichte, die diese Bedingung erfüllen. Ich versuche immer, mich gut zu informieren
und kontrolliert zu essen.
Sophie, 15

b Ordne zu: Welche Meinung 1 bis 5 passt zu den Sätzen a bis e?

  a Es ist wichtig, dass man genau weiß, was auf dem Teller liegt. _____

  b Der Verzicht auf alle tierischen Produkte kann schädlich sein. _____

  c Für den Menschen ist es am besten, wenn er alles isst. _____

  d Fleisch von guter Qualität ist gut für den Körper. _____

  e Es ist gesund, alle tierischen Produkte zu vermeiden. *Milena*

F Texte verstehen

Keine Angst vor unbekannten Wörtern!

a Lies zuerst die Aufgaben.

HILFE

Markiere die Schlüsselwörter in den Aufgaben 1–4.
Suche dann die Lösung im Text (b).

1 Das Medikament kann jeder in der Apotheke bekommen.	Richtig	Falsch
2 Normalerweise fühlt man sich schon nach wenigen Tagen besser.	Richtig	Falsch
3 Das Medikament ist ohne Ausnahme für jeden Menschen geeignet.	Richtig	Falsch
4 Es gibt keine Nebenwirkungen.	Richtig	Falsch

b Im folgenden Text fehlen einige Wörter. Die Aufgaben 1 bis 4 zum Text kannst du trotzdem lösen.
Markiere die Lösungen im Text und kreuze in a an: Richtig oder Falsch?

Effermint *forte*

Dieses Arzneimittel ist ohne Rezept ▮▮▮▮▮▮, jedoch sollten die ▮▮▮▮▮▮▮ genau beachtet
werden. Wenn die Symptome nicht nach zwei Tagen ▮▮▮▮▮, muss ein Arzt ▮▮▮▮▮▮ werden.
Effermint *forte* sollte nicht ▮▮▮▮▮▮ werden bei Personen, die ein Medikament aus der Klasse
der ▮▮▮▮▮▮▮▮▮ einnehmen oder die an ▮▮▮▮▮▮▮ leiden.
In manchen Fällen können bei ▮▮▮▮▮▮ Personen ▮▮▮▮▮ Hautreaktionen oder Übelkeit
auftreten. Dann muss die Behandlung sofort unterbrochen werden.

---

c Du kannst den vollständigen Text auf S. 140 lesen und deine Lösungen vergleichen.

TIPP

Siehst du: Die unbekannten Wörter
sind für die Lösung nicht wichtig!

Modul Lesen

III Übungen zum Lesen

Schritt für Schritt

Bei den folgenden Übungen geht es darum, komplexe Texte zu verstehen und bestimmte Informationen im Text zu erkennen. Lies die Anweisungen immer sehr sorgfältig: Welche Aufgaben soll ich lösen?

1 Texte ergänzen und verstehen

a Lies zuerst den ganzen Text. Finde zu jedem Abschnitt eine Überschrift und notiere sie.

🕐 15 Minuten

TIPP

Du kannst zuerst die Aufgabe a bearbeiten: Erfinde Überschriften für die Textabschnitte. Du kannst aber auch gleich die Aufgabe b mitbearbeiten: Entscheide sofort, welcher Satz in diesem Abschnitt passt. Die Aufgabe c löst du danach. Zu jedem Abschnitt gibt es eine Frage.

HILFE

Lies den Text Abschnitt für Abschnitt. Überlege: Was ist das Thema in diesem Abschnitt? Gibt es eine Idee, ein Schlagwort, das den Inhalt zusammenfasst? Das könnte deine Überschrift sein.

Das Berliner Lebensgefühl

Hier ist immer etwas los

Wenn man als junge Berlinerin darum gebeten wird, einen Bericht über das Leben in Berlin zu schreiben, so ist dies eine leichte Aufgabe, ⓵ , jeden Tag, gute und schlechte. Man sammelt wunderbare und abstoßende Erfahrungen. Ständig passiert irgendwo etwas und oft wird man in irgendeiner Form darin verwickelt. Das Leben in Berlin ist locker und spontan. Es gibt Tanzeinlagen in der U-Bahn und Partys auf der Straße. In Kreuzberg oder Prenzlauer Berg findet immer irgendwo ein Freiluftkonzert statt. ⓶ , denn irgendwie scheinen die Leute in Berlin tagsüber viel Zeit zu haben.

Berlin ist unfassbar dreckig. Und das passt prima zu der ganzen Atmosphäre. Die Graffitis an den Hauswänden gehören zum künstlerischen Konzept der Stadt, die Sofas in den coolen Bars sind schmutzig und zerrissen und auf der Straße sieht man massenweise Hundedreck oder den Müll aus der Silvesternacht, wenn es schon April ist. ⓷ , aber eigentlich regt sich niemand darüber auf. Die meisten Leute sehen aus, als ob sie sich hier wohlfühlen.

Jeder Mensch hat in dieser Stadt jeden Tag Gelegenheit, neue Leute kennenzulernen, aber meistens kommen diese Leute nicht aus Berlin, sondern aus Hessen, aus New York, Damaskus oder Madrid. Manche bleiben nur ein Wochenende, ⓸ . So schnell, wie man die Leute kennengelernt hat, so schnell sind sie oft wieder verschwunden. Eine längerfristige Freundschaft aufzubauen, ist hier wohl komplizierter als in einem Dorf.

Berlin verändert sich so schnell wie keine andere Stadt in Deutschland. Während man in München seit zwanzig Jahren immer in dieselben Restaurants und Kneipen geht, entstehen in Berlin ständig neue Lokalitäten. Aber in letzter Zeit verschwinden auch viele schöne Clubs und Bars: ⓹ , die Straßen werden ruhiger und langweiliger. Wo früher Hausbesetzer lebten, wohnen jetzt Banker oder Web-Designer. Diese Leute müssen morgens wohl früher aufstehen.

Das typische Lebensgefühl von Berlin ist das Gefühl von Freiheit, Spontaneität und Flexibilität. Für mich ist das eine faszinierende Mischung: Der Geruch von Holzkohle im Winter und der von Lindenblüten im Sommer. Viele Möglichkeiten und lange Partynächte. Berlin ist die perfekte Stadt für mich. ⓺ . Ob ich in 20 Jahren noch hier leben möchte, kann ich nicht sagen.
Susan, 19, Bloggerin

b Lies die Textbausteine und entscheide: Welcher Satz passt in welche Lücke?

a Die Anwohnerschaft ändert sich,   Nr. _____

b bei anderen wird es ein ganzes Leben.   Nr. _____

c denn in Berlin macht man wirklich viele Erfahrungen,   Nr. _____

d Die Zuhörer kommen dann mit einer Flasche Bier vorbei,   Nr. _____

e Es ist die beste Stadt, wenn man jung ist.   Nr. _____

f Die letzten beiden Punkte sind natürlich weniger cool,   Nr. _____

c Wähle die richtige Lösung a, b oder c.

1 Die Autorin …
- a ☐ besucht jeden Tag ein Konzert.
- b ☐ hat in Berlin sehr unterschiedliche Eindrücke.
- c ☐ lebt wegen der Musik in Berlin.

2 Die Autorin findet, dass …
- a ☐ die Berliner zu oft über den Schmutz schimpfen.
- b ☐ die Müllabfuhr in Berlin nicht gut arbeitet.
- c ☐ Sauberkeit und Eleganz für Berliner nicht wichtig sind.

3 In Berlin kann man …
- a ☐ leben wie in einem Dorf.
- b ☐ leicht flüchtige Bekanntschaften machen.
- c ☐ leicht Freunde fürs Leben finden.

4 Die Stadt verändert sich, weil …
- a ☐ andere Leute in die alten Stadtviertel ziehen.
- b ☐ die Hausbesetzer die Clubs und Bars schließen.
- c ☐ viele Menschen nach Bayern gehen.

5 Berlin ist eine gute Stadt für Leute, die …
- a ☐ die Vielfalt der Stadt lieben.
- b ☐ von Berlin fasziniert sind.
- c ☐ zwanzig Jahre dort leben wollen.

2 Antworten im Text suchen

HILFE

Schritt für Schritt
Um die Texte zu verstehen, musst du nicht jedes Wort kennen.
Überlege bei jedem Abschnitt, um welches Thema es geht.

a Lies den Text. Lies auch die Aufgaben 1 bis 5 in b. Wo findest du
die Antworten im Text? Markiere die Stellen im Text, wie im Beispiel. 🕐 10 Minuten

HILFE
Bei langen Texten sind die Fragen
chronologisch angeordnet, d.h.
die Antwort auf die erste Frage
findest du am Anfang des Textes.

TIPP
Du kannst zuerst den Text lesen und dich danach mit
den Aufgaben beschäftigen. Du kannst aber auch das
Beispiel und die Aufgabe 1 lesen und dann die Lösung
im Text suchen. Probiere beide Methoden aus!

Frauen als Sprecherinnen und Moderatorinnen von Nachrichtensendungen und Talkshows sind
heute nicht mehr ungewöhnlich. Aber wenn man bedenkt, dass es in Deutschland schon seit 1952
regelmäßige Nachrichtensendungen im Ersten Programm (ARD) gab, <u>dann hat es beinahe 25 Jahre
gedauert, bis die erste Frau</u> bei der Tagesschau am Mikrofon saß. Das war 1976.
Der direkte Konkurrent, das Zweite Programm (ZDF) war diesen Schritt schon fünf Jahre vorher
gegangen. Im Mai 1971 las eine Frau erstmals beim ZDF in der Spätausgabe von *heute* die Nachrichten.
Das ist lange her, heutzutage ist bei beiden Sendern das Geschlechterverhältnis ausgeglichen.
Wer in dieser Woche häufiger das Frühstücksfernsehen von ARD und ZDF angeschaltet hat, dem
ist möglicherweise noch etwas anderes aufgefallen. Die Kurznachrichten wurden oft von jungen
Sprecherinnen vorgetragen, deren Namen auf einen Migrationshintergrund schließen lassen.
So wurden die Nachrichten im *heute express* erstmals von einer Deutsch-Türkin gelesen, kurze Zeit
später saß eine Sprecherin im heute-Nachrichtenstudio, die in Deutschland aufgewachsen ist, deren
Vater aber aus dem Libanon kommt. Eine weitere Sprecherin im Team hat iranische Wurzeln.
Beim ZDF will man die verstärkte Präsenz weiblicher Nachrichtensprecherinnen
allgemein und speziell von Moderatorinnen mit ausländischen Wurzeln nicht
überbewerten. „Entscheidende Kriterien sind immer Qualität und Kompetenz. Für
uns ist es grundsätzlich wichtig, in unserem Programm die Vielfalt der deutschen
Gesellschaft darzustellen – das gilt natürlich auch für unsere Moderatorinnen und
Moderatoren", sagte der stellvertretende Chefredakteur.

b Lies die Aufgaben.
Sind die Aussagen
richtig oder falsch?

HILFE
Markiere die Schlüsselwörter in der Aufgabe und suche die
entsprechenden Informationen im Text. Kreuze dann die Lösung an.

Beispiel:
0 Im deutschen Fernsehen gab es <u>von Anfang</u> an Moderatorinnen. | Richtig | Fal̶s̶c̶h̶ |

1 Die erste Nachrichtensprecherin in Deutschland gab es beim ZDF. | Richtig | Falsch |
2 Heute sprechen immer noch mehr Männer als Frauen die Nachrichten. | Richtig | Falsch |
3 Die Nachrichten am Morgen werden immer von jungen Frauen gelesen. | Richtig | Falsch |
4 Alle Sprecherinnen mit Migrationshintergrund kommen aus der Türkei. | Richtig | Falsch |
5 Beim ZDF denkt man, dass das Fernsehen die deutsche Realität zeigen soll. | Richtig | Falsch |

3 Falsche Fährten erkennen

Schritt für Schritt

In jedem Textabschnitt gibt es mehrere Informationen. In den Aufgaben gibt es immer eine Lösung, die genau zu einer dieser Informationen passt.

In den Aufgaben gibt es Wörter oder Formulierungen, die ähnlich sind wie im Text. Dort befindet sich aber meistens nicht die Lösung: Das sind „falsche Fährten", und die musst du erkennen.

Lies den Text und die Aufgaben. Welche Aussage ist richtig? Kreuze an: a, b oder c.

Lies zuerst den Text. Die drei Aufgaben beziehen sich auf den ganzen Text!

✉

Hallo Tarek,

ich habe versucht, Dich anzurufen, aber das hat nicht geklappt. Ich muss unbedingt mit Deinem Freund sprechen, mit Michael Brenner. Gibst Du mir bitte seine neue Handy-Nummer? Oder kannst Du ihm sagen, dass er sich unbedingt bei mir melden soll?

Michael arbeitet zusammen mit mir und ein paar anderen Leuten an unserem Schulprojekt mit der Sparkasse, das weißt Du ja wahrscheinlich. Vielleicht hat er Dir auch erzählt, dass wir in der letzten Zeit ein paar Probleme in der Gruppe hatten. Jetzt sieht es so aus, als würde sich die Sparkasse von unserem Projekt zurückziehen, wenn wir nicht ganz schnell einen neuen Gruppenleiter finden. Das ist schwierig, weil gerade Schulferien sind, aber es ist wichtig.

Dr. Meinhold, unser Schulleiter, hat Gül Yilmaz vorgeschlagen, das ist eine von den Studentinnen, die schon seit ein paar Monaten bei uns mitmacht. Einige in der Gruppe sind davon nicht begeistert, weil Gül ja schon kurz vor der Abschlussprüfung steht. Da wir im nächsten Sommer zur Feldforschung nach Polen fahren wollen, müssen aber jetzt die Anträge für die Finanzierung gestellt werden. Und das geht nur, wenn wir einen Vorsitzenden haben.

Sag das Michael! Er muss morgen in der Schule sein und er soll mich vorher anrufen!

Danke und bis bald mal.
Lena

---

1 Zu Lenas Gruppe gehören

a ☐ Michael und Tarek.

b ☐ Dr. Meinhold und Michael.

c ☐ Gül und Michael.

Kann a richtig sein? „Michael arbeitet zusammen mit mir", aber was erfahren wir von Tarek?

_____

Kann b richtig sein? Was erfahren wir über Dr. Meinhold?

_____

Kann c richtig sein? Was erfahren wir über Gül Yilmaz?

_____

Modul Lesen

2 Die Gruppe muss sich treffen, weil …

a ☐ sie ohne Führungsperson nicht handlungsfähig sind.

b ☐ sie über die Finanzierung diskutieren müssen.

c ☐ der Schulleiter ihnen etwas vorschlagen will.

> **HILFE**
>
> Kann a richtig sein? Was bedeutet das Wort „handlungsfähig"? (denke an „arbeitsfähig")
>
> Kann b richtig sein? Was soll mit der Finanzierung gemacht werden?
>
> Kann c richtig sein? Will der Schulleiter etwas vorschlagen?

3 Was für Pläne hat die Gruppe für den Sommer?

a ☐ Das Studium abschließen.

b ☐ Im europäischen Ausland forschen.

c ☐ Bei einer Bank arbeiten.

> **HILFE**
>
> Kann a richtig sein? Wer macht bald die Abschlussprüfung?
>
> Kann b richtig sein? Was bedeutet das Wort „Feldforschung" (denke an „Feld, Wiese" = draußen)
>
> Kann c richtig sein? Was hat die Gruppe mit der Bank („Sparkasse") zu tun?

4 Standpunkte erkennen

Drei Personen sprechen über das Thema „Ausbildung oder Studium?"
Lies dazu 6 Fragen. Welche Frage passt zu den Personen a, b oder c?
Zu einer Person können eine oder mehr Fragen passen.

🕐 15 Minuten

> **HILFE**
>
> Markiere zuerst die Schlüsselwörter in den Fragen 1 bis 6. Suche dann die Lösungen in den Texten a bis c.

> **TIPP**
>
> Wenn du für diese Übung länger als 15 Minuten brauchst, kommst du in der Prüfung in zeitliche Schwierigkeiten. Der Stressfaktor in der Prüfung „Lesen B2" ist die Zeit, d.h. du musst die Aufgaben schnell lösen!

Beispiel:

0 Wer wollte viel von der Welt sehen? .... *Clara* ....

1 Wer freut sich über eine kurze Ausbildungszeit? ....

2 Für wen ist es wichtig, das Studium mit praktischer Arbeit zu verbinden? ....

3 Wer hatte früher Illusionen über das Studium? ....

4 Wer hat sich nach dem Abitur eine Auszeit genommen? ....

5 Wer hält sich die Möglichkeit für ein späteres Studium offen? ....

6 Wer möchte sich später selbstständig machen? ....

a Clara

Alle meine Freunde sind an der Universität, oder sie machen gerade Abitur und wollen danach studieren. Ich habe ganz andere Pläne und ein Studium gehört nicht dazu. Seit meiner Kindheit träume ich davon, <u>durch die ganze Welt zu reisen</u>. Nach dem Abi bin ich erstmal ein Jahr lang mit „work and travel" nach Australien und Südamerika gereist; das war toll. Ich habe so viele neue Freunde gefunden und ich habe auch viel gelernt. Es waren nicht nur gute Erlebnisse, das ist ja klar, aber auch die schlechten Erfahrungen waren für mich wichtig. Jetzt habe ich mich bei der *Lufthansa* um eine Ausbildung als Flugbegleiterin beworben, und ich bin auch zu einem Vorstellungs-gespräch eingeladen worden. Die Ausbildung dauert nur ein paar Monate, danach beginnt sofort die Arbeit im Flugzeug. Natürlich will ich das nicht ewig machen, nur ein paar Jahre. Später will ich dann vielleicht für eine Reiseagentur arbeiten; mal sehen – es gibt so viele Möglichkeiten!

b Robert

Ich habe mich für ein „Duales Studium" entschieden, weil ich keine Lust habe, jahrelang zu studieren, um dann später keinen Arbeitsplatz zu finden. Mein Berufsziel ist Eventmanager, am liebsten möchte ich eine eigene Firma haben. Dafür ist diese Form des Studiums eine ideale Ausgangsbasis. Ich bin jeweils zwei Tage pro Woche in der Universität und drei Tage arbeite ich in einer Eventagentur. Der theoretische Teil hat mir am Anfang ziemlich viele Schwierigkeiten bereitet, weil wir sehr viel Mathematik, Informatik und Statistik lernen müssen. Die ersten beiden Klausuren sind für mich tatsäch-lich sehr schlecht gelaufen, aber dadurch habe ich begriffen, dass ich einfach jeden Abend und auch am Wochenende lernen muss. Jetzt fühle ich mich im Studium wohl, ich habe Freunde gefunden, die mit mir eine Lerngruppe bilden. Und ich sehe, dass das theoretische Studium mir auch in der Agentur hilft. Ich verstehe jetzt viel besser, wie eine Firma funktionieren muss.

c Jens

Als ich noch in der Schule war, habe ich immer gedacht, dass ich nach dem Abitur unbedingt an die Universität wollte. Ich habe mir das Studentenleben so interessant vorgestellt: eine Wohngemeinschaft mit coolen Freunden, ab und zu eine Vorlesung, viele Partys und Wochenendtrips nach Paris oder London, am Ende ein toller Job! Inzwischen war ich bei der Studienberatung und ich habe eine Woche lang ausprobiert, wie der Alltag an der Uni aus-sieht. Das war ziemlich enttäuschend. Mir wurde sehr schnell klar, dass ich als Student wohl keine Zeit für Partys und Städtereisen haben werde. Außerdem sind die Aussichten nach dem Studienabschluss auch nicht so rosig, wie ich gedacht hatte. Ich möchte Sozialwissenschaften studieren und später vielleicht im Ausland bei der Entwicklungshilfe arbeiten. Leider finden aber gerade in diesem Bereich fast die Hälfte der Studienabgänger keinen Arbeitsplatz. Viele Sozialwissenschaftler landen schließlich in einem langweiligen Verwaltungsjob. Ich habe deshalb beschlossen, zuerst eine Ausbildung zum Krankenpfleger zu machen, dann habe ich jedenfalls einen sicheren Arbeitsplatz. Und wenn ich später studieren will, kann ich das ja immer noch tun.

5 Meinungen zuordnen

Du liest verschiedene Meinungen zum Thema „Kurzurlaub".
Wie passen die Überschriften und die Meinungen zusammen?
Ordne zu. Für eine Überschrift gibt es keine Meinung.

⏱ 5 Minuten

HILFE

Markiere zuerst die Schlüsselwörter in den Überschriften.
Suche dann die Lösung im Text.

TIPP

Diese Texte sind nicht schwierig. Es geht nur um den Zeitfaktor. Du musst schnell entscheiden: Welcher Text passt?

1 Viele Leute übernachten luxuriös und können sich das nur für kurze Zeit leisten. _____
2 Mehrere kurze Pausen im Arbeitsleben sind gut für die Gesundheit. _____
3 Städtereisen mit dem Flugzeug verschlechtern die CO_2-Bilanz erheblich. _____
4 Die Arbeitgeber erlauben keine langen Urlaubszeiten. _____
5 Richtig reisen bedeutet: Zeit haben und Leute treffen. _____

a Es stimmt schon, dass immer mehr Leute den Kurzurlaub vorziehen. Sie verbringen nicht mehr einen Sommermonat am Meer, um sich richtig zu erholen, sondern sie fliegen drei- bis viermal im Jahr für eine Woche irgendwohin, wo es warm und sonnig ist. Ich glaube, das hat mit dem veränderten Arbeitsrhythmus zu tun: Viele Firmen sehen es nicht gern, dass ihre Mitarbeiter einen ganzen Monat lang unerreichbar sind.
Sara, Hannover

b Ich weiß, dass sich viele Leute an verlängerten Wochenenden gern mal einen Kurzurlaub leisten: Sie fliegen zum Einkaufen nach London oder für einen Museumsbesuch nach Madrid. Natürlich wissen sie, dass sie damit die Umwelt viel zu stark belasten. Offensichtlich ist ihnen der Umweltschaden aber egal, weil diese Ausflüge in die große Welt so viel Spaß machen.
Hanno, Karlsruhe

c Als ich klein war, sind unsere Eltern im Sommer immer mit uns auf einen Campingplatz am Scharmützelsee gezogen. Wir hatten einen Wohnwagen; meine Mutter, mein Bruder und ich haben den ganzen Sommer dort verbracht. Am Wochenende und im Urlaub kam auch mein Vater zu uns und wir hatten eine herrliche Zeit. Heutzutage ist das ganz anders: Den Campingplatz gibt es nicht mehr und meine Eltern wollen im Urlaub in einem eleganten Hotel wohnen. Das ist ziemlich teuer, da kann man nicht so lange bleiben.
Frieda, Berlin

d Meiner Meinung nach sind Kurzurlaube völliger Unsinn! Warum soll ich acht Stunden lang nach New York fliegen, wenn ich nur vier Tage dortbleiben kann? In einer so kurzen Zeit kann man vielleicht ein paar Museen besuchen, aber vom Leben der Menschen erfährt man gar nichts. Man lernt keine neuen Leute kennen und man schließt keine Freundschaften. Wenn ich nur eine Woche Ferien hätte, dann würde ich lieber zu Hause bleiben.
Bernd, Hamburg

6 Noch einmal: Falsche Fährten erkennen

Lies den Text und die Aufgaben. Welche Aussage ist richtig? Kreuze an: a, b oder c?

Wie wird man glücklich?

Was die Forschung bislang herausgefunden hat: Zu einem gewissen Anteil liegt unsere Fähigkeit zum Glücklichsein in den Genen, wahrscheinlich zu fast 50 Prozent. Dazu kommt, was uns im Leben passiert und was wir daraus machen. So soll der Mensch als soziales Wesen vor allem gute Beziehungen führen. Durch Bindungen schüttet das Gehirn positive Botenstoffe wie Oxytocin aus. Menschen, die gute Freunde haben, sind zufriedener als jene, die allein sind. Das hat eine Langzeit-Glücksstudie der Harvard-Universität bewiesen. Weitere Glücksfaktoren sind Gesundheit, eine sinnvolle Tätigkeit, persönliche Freiheit, die innere Haltung und finanzielle Sicherheit.

Allerdings ist die Rolle des Geldes umstritten. Einerseits erleichtert Wohlstand das Leben, verhindert Ängste und Sorgen. Mit Geld kann man sich zwar kein Glück kaufen, aber man kann sich manches leisten, das zu mehr Zufriedenheit führt, zum Beispiel schöne Wohnungen, exotische Urlaubsreisen, teure Hobbys und gute Schulen für die Kinder. Andererseits haben amerikanische Wissenschaftler nachgewiesen, dass ein wachsendes Einkommen nur bis zu einer bestimmten Grenze Glücksgefühle verursacht. Wenn das jährliche Einkommen eines Menschen über 64 000 Euro hinausgeht, führt es nicht mehr zu größerer Zufriedenheit, weil das Leben im Reichtum schon zur Normalität geworden ist.

Wo auf der Welt besonders glückliche Menschen leben, zeigen verschiedene Rankings. Seit 2012 veröffentlichen die Vereinten Nationen einmal im Jahr den „World Happiness Report". In diesem Jahr schaffte es Norwegen an die

Spitze, gefolgt von Dänemark, Island, der Schweiz und Finnland. Das reiche Deutschland blieb auf Platz 16 – hinter den USA, Israel und Costa Rica. Am Ende befanden sich afrikanische Länder.

Die Forscher betonten, dass Glück stark mit dem Zustand der Gesellschaft und dem sozialen Umfeld verbunden sei. Solidarität, Freiheit für eigene Entscheidungen und Vertrauen in den Staat seien die wichtigsten Faktoren.

Auch die OECD, die Organisation für wirtschaftliche Zusammenarbeit, misst die Lebenszufriedenheit in den Mitgliedsstaaten. Am geringsten war sie zuletzt in Portugal und der Türkei; am höchsten in Nordeuropa, hier angeführt von Dänemark. Für Deutschland, das sich trotz seines Wohlstandes nur im mittleren Bereich befindet, lautete die Kritik: Die Bildungswege der Menschen würden zu stark vom sozialen und finanziellen Hintergrund abhängen.

In Dänemark sei das Bildungssystem viel durchlässiger und flexibler. Eine weitere Erklärung für die Zufriedenheit der Dänen sei vielleicht die skandinavische Lebensphilosophie, genannt „Hygge". Ins Deutsche übersetzt bedeutet das so viel wie „Gemütlichkeit". Gemeint sind gesellige Abende mit Freunden, Lesenachmittage auf dem Sofa, ein Picknick mit der Familie im Grünen. Es geht um Entspannung, um Langsamkeit und Beisammensein.

1 Ungefähr die Hälfte unserer Glücksmöglichkeiten hängt davon ab, …

a ☐ welche Anlagen wir von unseren Eltern erben.

b ☐ wie viel Erfolg wir in unserem Beruf haben.

c ☐ ob wir sinnvolle Freizeitaktivitäten ausüben.

HILFE

Kann a richtig sein? Was bedeutet hier das Wort „Anlage"? Wir erben von unseren Eltern nicht nur materielle Güter, sondern auch …?

Kann b richtig sein? Ist bei den Glücksfaktoren im ersten Abschnitt von Beruf die Rede?

Kann c richtig sein? Was bedeutet „sinnvolle Tätigkeit"? Geht es dabei um Hobbys?

2 Amerikanische Wissenschaftler haben herausgefunden, dass …

a ☐ Menschen, die Millionen besitzen, auf jeden Fall glücklich sind.

b ☐ Menschen, die im Wohlstand leben, von Ängsten gequält werden.

c ☐ Luxus, an den man sich gewöhnt hat, nicht glücklich macht.

HILFE

Kann a richtig sein? Der Text spricht im zweiten Abschnitt von einer „Grenze für Glücksgefühle".

Kann b richtig sein? Was sagt der Text über „Sorgen und Ängste"?

Kann c richtig sein? Was passiert, wenn das Einkommen immer höher wird?

3 Die Rankings der Glücksforscher zeigen, dass …

a ☐ auf den ersten vier Plätzen nur skandinavische Länder stehen.

b ☐ das Glück stark davon abhängt, ob die Leute der Regierung vertrauen.

c ☐ das Wirtschaftswachstum des Landes der wichtigste Glücksfaktor ist.

HILFE

Kann a richtig sein? Welche Länder gehören zu Skandinavien?

Kann b richtig sein? Was sagen die Forscher im vierten Abschnitt über die „Gesellschaft"?

Kann c richtig sein? Was bedeutet „Wirtschaftswachstum"? (wachsen = größer werden, zunehmen)

4 Von Deutschland sagen die Wissenschaftler, dass …

a ☐ es auf der Liste der Zufriedenheit ganz vorn steht.

b ☐ das deutsche Schulsystem die Zufriedenheit der Menschen nicht fördert.

c ☐ die Gemütlichkeit bei den Deutschen eine große Rolle spielt.

HILFE

Kann a richtig sein? Wo steht Deutschland auf der Liste?

Kann b richtig sein? Was bedeutet hier „Hintergrund"? (im Vordergrund steht der Mensch – und woher kommt er?)

Kann c richtig sein? Geht es um die Gemütlichkeit in Deutschland?

IV Training zur Prüfung Lesen

In Teil IV ist jeder Prüfungsteil doppelt, d. h. du kannst jeden Prüfungsteil zweimal üben.

Um Aufgaben zum Leseverstehen zu lösen, gibt es mehrere Wege. Auf den Aufgabenblättern kannst du so viel markieren, notieren, unterstreichen, wie du willst. Gerade beim Teil 1 bietet es sich an, dass man zunächst Notizen macht, welche 2 oder 3 Aussagen zur Person a passen usw. Vergiss dabei aber nicht, zu jeder Aufgabe einen Buchstaben einzutragen.

A Training zu Teil 1

1 Du liest in einem Forum, wie Menschen über *Mobilität im Leben* denken.

Auf welche der vier Personen treffen die einzelnen Aussagen zu?
Die Personen können mehrmals gewählt werden.

🕐 18 Minuten

Es gibt neun Aussagen und vier Personen:
Wahrscheinlich passen also zu jeder Person 2–3 Aussagen.
Lies die Aussagen, danach entscheide zuerst, welche Aussagen zu Person **a** passen.
Arbeite dann in dieser Art weiter.

Beispiel:

0	Wer wünscht sich Mitbestimmung bei der Wahl des Arbeitsortes?	*c*
1	Wer möchte in erster Linie viel Geld verdienen?	
2	Für wen steht ein gutes Betriebsklima an erster Stelle?	
3	Wer befürchtet, dass häufiger Ortswechsel für die Familie schwierig ist?	
4	Wer will für die Karriere auch Schwierigkeiten akzeptieren?	
5	Wer ist an den häufigen Ortswechsel schon von Kindheit an gewöhnt?	
6	Wem macht es Spaß, alle drei bis vier Jahre den Wohnort zu wechseln?	
7	Wer befürchtet, durch den Ortswechsel alte Freunde zu verlieren?	
8	Wer findet, dass neue Erfahrungen wichtig und positiv sind?	
9	Wer hofft, dass nur die jungen Mitarbeiter oft wechseln müssen?	

a Eileen

Ich arbeite für ein Jahr als Volontärin in einer großen europäischen Firma. Die Mitarbeiter erzählen viel davon, welche Erfahrungen sie im Ausland gemacht haben. Sie haben auf den Philippinen gearbeitet, sie waren ein paar Jahre in Kanada oder in Weißrussland. Das finde ich toll, weil ich davon überzeugt bin, dass man bei der Arbeit in einem fremden Land viel mehr lernen kann als in den Jahren auf der Universität. Allerdings hört man von den Kollegen auch oft, dass ihre Kinder die vielen Umzüge der Familie gehasst haben. Tatsächlich sind viele von den älteren Mitarbeitern geschieden und leben allein. Darüber denke ich jetzt oft nach, denn eigentlich möchte ich später auch eine Familie haben. Und dann sind meine Kinder vielleicht unglücklich, wenn wir dauernd umziehen müssen.

b Lars

Mein Vater ist Diplomat, das bedeutet, dass meine Familie ständig von einem Land
zum nächsten gezogen ist. Ich bin in Südafrika geboren und habe meine Kindheit in
verschiedenen Ländern verbracht. Das hat mir zwar nicht immer gefallen, aber merk-
würdigerweise habe auch ich einen Beruf gewählt, bei dem man sehr flexibel sein muss.
Ich möchte in meinem Beruf eines Tages ganz oben stehen. Dafür muss ich einerseits
in Kauf nehmen, dass auch meine Familie viel umziehen muss. Andererseits glaube ich, dass man für
den Erfolg diesen Preis bezahlen muss. Auf jeden Fall wird es mir finanziell gut gehen und das finde
ich wichtig, weil alles viel einfacher ist, wenn man über genügend finanzielle Mittel verfügt.

c Ahmad

Ich mache eine Ausbildung zum Mechatroniker bei einem internationalen Unternehmen.
Es gefällt mir sehr gut, weil die meisten Kollegen immer bereit sind, mir schwierige
Zusammenhänge zu erklären. Das ist für mich ganz wichtig, weil ich unbedingt mit
Menschen zusammenarbeiten will, bei denen ich mich wohlfühle. Ich weiß, dass ich
auch mal im Ausland arbeiten muss. Die Kollegen finden das gut, trotz einiger Probleme
mit der fremden Sprache und dem Klima. Ich könnte mir gut vorstellen, ein paar Jahre in einer Fabrik in
Polen oder Mexiko zu arbeiten. Ich möchte aber nicht einfach irgendwo hingeschickt werden. Meine
Wünsche müssten auch berücksichtigt werden. Außerdem sagt der Personalchef, dass ältere
Mitarbeiter normalerweise in Deutschland bleiben. Wenn das stimmt, wäre ich einverstanden.

d Jana

Schon als Kind habe ich mir gewünscht, andere Kontinente kennenzulernen. Ich wollte
Afrika und Asien sehen, aber nicht als Touristin. Jetzt kann ich mit dem Deutschen
Entwicklungsdienst nach Tansania gehen. Das ist mein erster Job und ich finde es toll,
ein paar Jahre in einem Land zu arbeiten und dann in einem anderen. Nicht alle meine
Freunde finden das gut, meine beste Freundin hat sogar geweint, als ich ihr von Tansania
erzählt habe, obwohl sie doch schon lange von meinen Plänen weiß. Manchmal werde ich auch traurig,
wenn ich mir vorstelle, dass ich meine Freunde jahrelang nur noch über Skype sehen kann. Vielleicht
reißt unsere Verbindung dann irgendwann ab, das wäre schlimm für mich.

2 Du liest in einem Forum, was verschiedene junge Menschen sich für ihre Zukunft wünschen.

Auf welche der vier Personen treffen die einzelnen Aussagen zu?
Die Personen können mehrmals gewählt werden.   🕐 18 Minuten

HILFE

Es gibt neun Aussagen und vier Personen: Wahrscheinlich passen also zu jeder Person 2–3 Aussagen.
Lies die Aussagen, danach entscheide zuerst, welche Aussagen zu Person **a** passen.
Arbeite dann in dieser Art weiter.

Beispiel:
0 Wer hat gar keine Ahnung, wie die Zukunft sein wird?   *a*

1 Wer wünscht sich von der Zukunft wenig Veränderung?   _____
2 Für wen ist ein Umzug nicht vorstellbar?   _____
3 Wer plant eine Zukunft auf einem anderen Kontinent?   _____
4 Wer möchte demnächst die Großstadt verlassen?   _____
5 Wer glaubt, dass er nicht viel Geld haben wird?   _____

6 Wer denkt bei der Zukunftsplanung auch an seine Kinder? _____

7 Wer verlässt sich für die Zukunft völlig auf andere? _____

8 Wer glaubt, dass Fremdsprachenkenntnisse wichtig sind? _____

9 Wer macht sich Sorgen über die Situation in Europa? _____

a Bernd

Am liebsten möchte ich auch weiterhin so leben wie jetzt: interessante Seminare an der Uni, am Wochenende Freunde, im Sommer Rucksackferien in Griechenland. Ich weiß ja: „Wenn es wirklich mal schwierig wird, dann sind immer meine Eltern da!" Manchmal denke ich darüber nach, was ich nach dem Studium der Deutschen Literaturgeschichte machen will. An der Uni gibt es wenig Stellen, da es wirklich sehr viele gute Leute gibt, die schon lange auf einen Lehrstuhl warten. Natürlich könnte ich im Ausland unterrichten, deutsche Literatur wird auch im Ausland geschätzt, z. B. in Russland. Ich kann ja schon mal anfangen, Russisch zu lernen. Nein, im Ernst: Ich glaube nicht, dass es meiner Mutter gefallen würde, wenn ich im Ausland leben würde!

b Elise

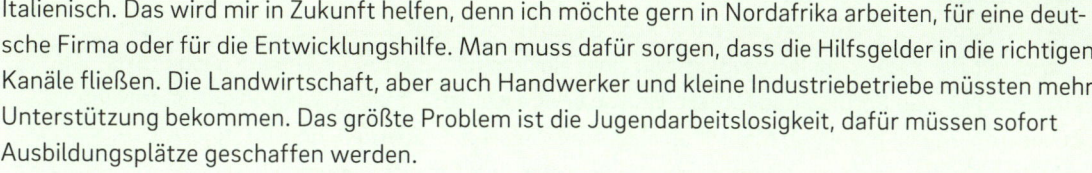

Ich interessiere mich für Politik und denke oft über die Zukunft nach. Ich bin davon überzeugt, dass die Situation in Europa sehr schwierig ist. Wir haben viele Fehler gemacht. Ich war oft in Marokko, Tunesien und Algerien; viele Menschen dort träumen von Deutschland, weil sie glauben, dass hier das Leben für alle leicht und einfach ist. Ich habe Betriebswirtschaft studiert und ich spreche gut Englisch, Französisch und Italienisch. Das wird mir in Zukunft helfen, denn ich möchte gern in Nordafrika arbeiten, für eine deutsche Firma oder für die Entwicklungshilfe. Man muss dafür sorgen, dass die Hilfsgelder in die richtigen Kanäle fließen. Die Landwirtschaft, aber auch Handwerker und kleine Industriebetriebe müssten mehr Unterstützung bekommen. Das größte Problem ist die Jugendarbeitslosigkeit, dafür müssen sofort Ausbildungsplätze geschaffen werden.

c Milena

Meine Situation ist im Moment sehr schwierig, denn ich bin alleinerziehende Mutter und noch mitten in der Berufsausbildung zur Bankkauffrau. Mein kleiner Sohn geht seit einer Woche in die Kindertagesstätte, deshalb kann ich jetzt endlich meine Ausbildung fortsetzen. Davor habe ich ein wenig Angst, weil sich in den zwei Jahren Babypause sicher viel verändert hat. Die anderen Azubis sind jünger und müssen sich nicht um Kinder kümmern. Die Ausbildung will ich aber auf jeden Fall beenden, weil ich dann die Chance habe, einen vernünftigen Job zu finden. Ich möchte auf jeden Fall in dieser Stadt bleiben, weil ich hier Freunde habe, die mir helfen. Und mein Sohn soll eine gute Schule besuchen, das finde ich wichtig.

d Jonas

Bisher habe ich mir um die Zukunft nur wenig Sorgen gemacht. Jetzt habe ich aber mein Studium als Sozialarbeiter abgeschlossen, und da muss ich mir doch mal überlegen, was ich machen will. Es gibt für Sozialarbeiter viele Arbeitsplätze: Jugendheime, betreutes Wohnen, Stadtteilarbeit, Schulen und Kindergärten. Es bedrückt mich allerdings, dass ich wohl erstens sehr wenig verdienen werde und dass zweitens die meisten freien Stellen in Großstädten sind. Beides gefällt mir nicht besonders. Ich komme aus Schleswig-Holstein, die Studienzeit in Berlin war zwar ganz lustig, aber jetzt möchte ich doch wieder zurück „aufs Land". Natürlich ist dabei auch wichtig, dass dort die Wohnungen nicht so teuer sind. Bestimmt kann ich in einer kleineren Stadt etwas finden. Angst vor der Zukunft habe ich jedenfalls nicht.

B Training zu Teil 2

1 Du liest in einem Blog einen Beitrag über die *Fitness-Begeisterung der Deutschen.*

Welche Sätze passen in die Lücken? Zwei Sätze passen nicht.   ⏱ 12 Minuten

> **HILFE**
> Lies den ersten Abschnitt und suche sofort den passenden Satz.
> Die Sätze müssen sowohl inhaltlich als auch grammatisch passen!

Danielas Sportblog

Wenn man mich fragt, was ich am Dienstag vorhabe, ist mein erster Gedanke: „Bauch und Beine!" Denn ich gehe fast jeden Tag ins Fitnessstudio und bin dem Fitness-Lifestyle komplett verfallen. (0) *0*
Denn in Deutschland sind mehr als neun Millionen Menschen in einem Fitnessstudio angemeldet. Wir alle wollen perfekt sein. (1) _____ Neu ist aber, dass gesunde Ernährung, Sport und ein durchtrainiertes Äußeres „in" sind.
Fitnessblogger teilen in sozialen Netzwerken ihre Erfolge und Rezepte mit hunderttausenden von Menschen, die sich „fitness family" nennen. Sie machen sich gegenseitig Komplimente für ihren neuen Rekord beim Training. Daneben lehren sie aber vor allem eins: Selbstliebe. Wir sollen uns in zweierlei Hinsicht um unseren Körper kümmern. (2) _____
Mein Aufenthalt im Fitnessstudio hat allerdings auch noch andere Gründe. (3) _____ Der Job ist ein Teil meines dualen Studiums an einer Hochschule, das neben Theorie auch Praxiserfahrung für den Berufsalltag fordert. Und so erlebe ich den Fitness-Hype aus nächster Nähe.
In unserem Studio trainieren Menschen aller Altersklassen: Studenten, Berufstätige, Mütter mit ihren Kindern und sogar Rentner. Das Schönheitsideal hat sich gewandelt. (4) _____ Ein flacher Bauch ist nicht mehr nur für Männer attraktiv und viele junge Frauen wünschen sich eher einen gut trainierten Po als eine magere Model-Figur. Ich denke genauso: Muskeln sind für mich nicht nur ein Zeichen von Stärke, sondern auch von Disziplin. (5) _____ Und wie die meisten Frauen finde ich einen durchtrainierten Mann viel attraktiver als einen dünnen Spargel-Typ.
Das Schönheitsideal könnte sich zwar eines Tages wieder ändern. Ich finde Gesundheit und Fitness wichtiger als eine schlanke Figur. So hoffe ich, dass dieser Trend eine Zukunft hat. (6) _____
Trainiert ihr auch in einem Fitnessstudio? Und was haltet ihr vom allgemeinen Fitnesswahn?
Tschüss, Daniela

Beispiel:
0 Und ich bin nicht allein.

a Weg vom dünnen Model, hin zu einem sportlichen, gesunden Äußeren.
b Das war schon immer so.
c Denn die sind für uns alle wichtig.
d Denn die darf bei all dem Körperkult nicht fehlen.
e Er gefällt mir nämlich viel besser als Computerspiele oder Kneipenbesuche.
f Es geht sowohl um gutes Aussehen als auch um Gesundheit.
g Ich arbeite dort und mache eine Ausbildung.
h Wir wollen nicht nur schlank sein, sondern auch gesund.

2 Du liest in einer Zeitschrift über die *Reiselust der Deutschen*.

Welche Sätze passen in die Lücken? Zwei Sätze passen nicht.

🕐 12 Minuten

> **HILFE**
> Lies den ersten Abschnitt und suche sofort den passenden Satz.
> Die Sätze müssen sowohl inhaltlich als auch grammatisch passen!

Die Deutschen sind Reiseweltmeister

Mehr als jede andere Nation geben sie jährlich für Urlaubsreisen aus.
(0) _O_____ **Die Tourismusbranche in Deutschland ist damit ein bedeutender Wirtschaftsfaktor und bietet rund 2,9 Millionen Arbeitsplätze.**

Auf der weltgrößten Reisemesse in Berlin heißt der Gewinner Deutschland. Es gibt viele attraktive Urlaubsziele überall auf der Welt und die Deutschen sehnen sich auch tatsächlich nach der Ferne, aber dann machen sie Urlaub an der Nordsee oder im Schwarzwald. (1) _____ Aber letztendlich bleiben sie doch lieber glücklich in der Heimat. Über diese entspannten Reisegewohnheiten sagt Professor Bernd Reinburg von der Humboldt Universität Berlin: „Viele Deutsche haben Angst vor dem Urlaubsstress in fremden Ländern. Der Urlaub reduziert sich immer mehr auf eine Kopie des normalen Lebens. Es soll sein wie zu Hause, mit einer Bedingung: (2) _____!"
Und so wird das kommende Jahr auch wieder ein Rekordreisejahr. (3) _____ Dabei lautet die ebenso simple wie erfolgreiche Urlaubsformel: Sonne und Strand, dazwischen auch mal ein Mittagsschlaf am Pool, in beliebiger Reihenfolge. Die Deutschen wollen es gemütlich haben. Am wichtigsten sind Ruhe und Abschalten.
Und 62 Prozent aller Menschen in Deutschland baden im Urlaub nun mal gern im Meer, das sagt die aktuelle Reiseanalyse der Forschungsgemeinschaft *Urlaub und Reisen*. Die wichtigste Urlaubsart ist damit der Strand- und Badeurlaub nach dem Motto: „Nicht zu eintönig, aber bitte auch nicht zu anstrengend. Einmal Strand, immer Strand!" (4) _____. Das ergab eine Studie eines Reiseportals. Schon in den letzten fünf Jahren waren 77 Prozent der Bevölkerung unterwegs, d. h. fast 60 Millionen Deutsche unternehmen Urlaubsreisen. Sie wollen abschalten vom Alltag. Sie geben pro Reise und Person durchschnittlich 958 Euro aus, aber nur wenige reisen ins Ausland. (5) _____
Der Norden übertraf im letzten Jahr erstmals den Süden: (6) _____. So hatten die Feriengebiete an der Ostseeküste viel mehr Gäste als jemals zuvor und verdrängten die bayrischen Ferienorte vom Spitzenplatz. Auch die Nordsee holte auf. „Urlaub am Meer" bleibt der Bestseller!

Beispiel:

0 Es sind fast 65 Milliarden Euro.

a Weniger Verpflichtungen und besseres Wetter.

b 73 % der Befragten buchen sogar immer wieder denselben Urlaub.

c Auch die Reiseziele im Gebirge sind sehr gefragt.

d Für die meisten Deutschen ist Deutschland das beliebteste Reiseziel.

e Sie träumen zwar von fernen exotischen Inseln.

f Mecklenburg-Vorpommern schlägt Bayern.

g Denn zwei Drittel der Deutschen wollen unbedingt verreisen.

h Großstädte wie New York sind für Einkaufstrips beliebt.

C Training zu Teil 3

1 Du liest in einer Zeitschrift einen Artikel über *die Essgewohnheiten der Deutschen.*

Wähle bei jeder Aufgabe die richtige Lösung. 🕐 12 Minuten

> **HILFE**
>
> Es gibt sechs Abschnitte im Text und sechs Aufgaben.
> Normalerweise gibt es zu jedem Abschnitt eine Aufgabe.
> Lies zuerst den ersten Abschnitt und das Beispiel.
> Lies danach den nächsten Abschnitt und löse die erste Aufgabe.
> Arbeite dann in dieser Art weiter.

Hauptsache, es schmeckt!

In den Buchgeschäften liegen große Stapel von Kochbüchern, im Fernsehen gibt es Kochkurse, im Internet werden zu jedem Gericht mehrere raffinierte Rezepte angeboten. Ist Kochen in Deutschland das Hobby Nr. 1?

Essen ist für viele Deutsche zur Nebensache geworden. Nur für jeden Zweiten hat die Ernährung einen hohen Stellenwert, wie eine Umfrage zeigt. So gaben 45 Prozent der Frauen und 55 Prozent der Männer an, dass Essen in ihrem Alltag keine große Bedeutung hat. „Es gibt kein Bewusstsein mehr für gutes Essen", sagt Dr. Gardener von der Allgemeinen Krankenkasse, „und falsches Essen führt zu Krankheiten."

Bei etwa einem Drittel der Befragten läuft beim Essen der Fernseher oder sie lesen Zeitung. „Vor allem jüngere Menschen haben in der einen Hand den Hamburger und der anderen Hand das Smartphone", beklagt Dr. Gardener. Diese Aussage wird auch von vielen Lehrern bestätigt: Für die meisten Jugendlichen ist das Esen in der Pause nur eine Nebenbeschäftigung beim Surfen oder Chatten.

Dr. Gardener stellt fest, dass nur in jedem zweiten Haushalt täglich gekocht wird. In jeder dritten Familie wird immerhin drei- bis fünfmal pro Woche ein Essen selbst gemacht. Das bedeutet, dass bei vielen Familien der Herd oft kalt bleibt. Stattdessen kommen immer öfter Fertiggerichte auf den Tisch. Vier von zehn Menschen essen mindestens ein- bis zweimal in der Woche fertige Mahlzeiten, die man in der Mikrowelle aufwärmt.

Diese Essgewohnheiten übernehmen auch die Jugendlichen: Sie essen nach dem Motto

„Hauptsache, es schmeckt!"
45 Prozent der befragten Schüler und Schülerinnen legen vor allem Wert darauf, dass das Essen schmackhaft ist. Deutlich weniger, nämlich 34 Prozent, wünschen sich gesunde Kost. Etwa die Hälfte nennt fehlende Zeit und Ruhe als das größte Hindernis für eine gesunde Ernährung. Und wie die meisten Menschen haben auch die Jugendlichen keine Lust, ihre Gewohnheiten zu ändern.

Leider bringt auch das Essen in der Schulmensa keine wirkliche Verbesserung. Das Essen in der Schule darf nicht teuer sein; die Schülerinnen und Schüler berichten, dass das angebotene Essen fast ausschließlich aus fettreichen Gerichten besteht. Außerdem sei es in der Mensa oft sehr laut und unruhig, und sie müssten immer schnell essen, weil die Mittagspause nicht lang genug sei.

Viele Schülerinnen und Schüler erklären, dass sie sich in den Pausen gern ausreichend Zeit für das Essen nehmen würden, wenn es möglich wäre. Bei 39 Prozent der Befragten werden die Schulpausen aber für Hausaufgaben oder Telefonate genutzt, sodass nur wenig Zeit zum Essen bleibt. Bei manchen Jugendlichen ist es so, dass sie in der Schule nur wenig essen, dafür dann aber am Nachmittag zu Hause sehr ausgiebige Mahlzeiten mit viel Fett zu sich nehmen.

Beispiel:

0 Wenn man etwas Gutes kochen möchte, …

    a ☒ kann man sich im Internet informieren.

    b ☐ muss man an einem Kochkurs teilnehmen.

    c ☐ sollte man einen Hobbykoch fragen.

1 Ungefähr die Hälfte der Deutschen …

    a ☐ findet es nicht wichtig, was sie jeden Tag essen.

    b ☐ glaubt, dass man durch Essen Krankheiten vermeiden kann.

    c ☐ weiß nicht, wie wirklich gutes Essen schmeckt.

2 Bei vielen jungen Deutschen …

    a ☐ ist das Lieblingsgericht ein Hamburger.

    b ☐ ist der Medienkonsum beim Essen eine Gewohnheit.

    c ☐ sind die Nachrichten wichtiger als das Essen.

3 50 % der Familien in Deutschland …

    a ☐ benutzen gern die Mikrowelle.

    b ☐ bereiten jeden Tag eine warme Mahlzeit zu.

    c ☐ ziehen Fertigprodukte vor.

4 Ungefähr ein Drittel der Schüler findet es wichtig, dass …

    a ☐ das Essen lecker ist.

    b ☐ sie gesundes Essen bekommen.

    c ☐ sie in Ruhe essen können.

5 Die Jugendlichen beschweren sich darüber, dass …

    a ☐ das Angebot in der Schulmensa so einförmig ist.

    b ☐ das Essen in der Mensa ihnen nicht schmeckt.

    c ☐ in der Schule mit sehr viel Fett gekocht wird.

6 Es ist im Schulalltag problematisch, wenn die Schüler …

    a ☐ beim Mittagessen zu viel reden.

    b ☐ in den Unterrichtspausen andere Sachen erledigen.

    c ☐ mittags ein fettreiches Gericht essen.

2 Du liest in einer Zeitschrift einen Artikel über das *Fernsehen in Deutschland*.

Wähle bei jeder Aufgabe die richtige Lösung. ⏱12 Minuten

Fernsehen oder streamen?

220 Minuten haben die Deutschen im vergangenen Jahr jeden Tag Fernsehen geschaut. Das ist laut „Arbeitsgemeinschaft Fernsehen" genauso viel wie vor zehn Jahren. Außerdem steigen die Erlöse aus der Fernsehwerbung. So schlecht sieht es doch für die Fernsehmacher gar nicht aus!

Noch nicht. Denn einen negativen Haken gibt es: Während die Älteren abends weiterhin brav vor dem Fernsehapparat Platz nehmen, um die Sportschau zu sehen, nutzen jüngere Menschen immer seltener das „lineare Fernsehen", also TV mit festem Zeit- und Programmplan. Besonders deutlich wird das bei den 14- bis 29-Jährigen. Sie sahen vor fünf Jahren noch circa 130 Minuten am Tag fern, jetzt sind es nur noch 115 Minuten. 15 Minuten weniger – das ist viel für die Fernsehbranche. Und der Grund ist längst klar: Mit dem Internet hat das lineare Fernsehen Konkurrenz bekommen.

Millionen Menschen werden selbst zu Programmplanern, seit Streamingdienste das selbstbestimmte Fernsehen anbieten – und spannende Serien. Auch das ist ein Trend, den viele deutsche Fernsehsender verpasst haben. Jetzt versuchen die Sender, sich den neuen Gewohnheiten anzupassen: Anstatt die Zuschauer eine Woche auf die nächste Folge der Serie warten zu lassen, zeigen einige Sender nun manchmal drei Folgen an einem Abend.

Ziemlich gut läuft der Ausbau der Online-Mediatheken: Die Serie *Club der roten Bänder* bekam 420.000 Aufrufe pro Folge. Das ZDF ging dazu über, Serien schon vor der TV-Ausstrahlung in Originalfassung online zu stellen. Das kommt gut an. Aber bisher laufen die Programme im TV immer noch sehr viel besser als online. Sogar jene, die junge Zuschauer ansprechen sollen: Die erste Folge von *Neo Magazin Royale* kam auf 910.000 Zuschauer im TV, im Internet war das viel weniger.

Beim Namen geht es los: „Wir sprechen nicht mehr vom Fernsehjournalismus, sondern vom Journalismus mit bewegten Bildern", sagt Miriam Neuner von RTL. Die Journalisten von morgen müssen nicht nur für den klassischen Sendebetrieb ausgebildet werden, sondern auch für die Online-Arbeit: Inzwischen hat jeder große Fernsehsender eine Redaktion, in der Videos nur für das Internet erstellt werden. „Bei Dreharbeiten filmt der Kameramann für den Fernsehbeitrag, und der Redakteur macht ein paar Handyaufnahmen, die dann online gehen", sagt Neuner.

Werbeagenturen sind heute aufgefordert, Fernsehspots zu entwickeln, die auch im Internet funktionieren. Oftmals laufen im Netz längere Versionen der TV-Spots, das eröffnet den Werbeleuten neue Möglichkeiten: „Wir sind nicht auf 30 Sekunden beschränkt", sagt der Werbefachmann Sebastian Tarkes, „dadurch können wir die Werbebotschaft viel besser in eine Geschichte verpacken."

Beispiel:

0 Die Deutschen …
- a ☐ haben am Fernsehen nicht mehr viel Interesse.
- b ☐ sehen heute so viel fern wie im Jahr 2000.
- c ☒ sehen pro Tag mehr als drei Stunden fern.

1 Ältere Leute in Deutschland …
- a ☐ haben noch die Fernsehgewohnheiten von früher.
- b ☐ sehen pro Tag circa 130 Minuten fern.
- c ☐ sehen heute weniger fern als früher.

2 Jüngere Fernsehzuschauer …
- a ☐ folgen nicht gern einem festen Fernsehprogramm.
- b ☐ interessieren sich vor allem für Sportsendungen.
- c ☐ sehen heute pro Tag mehr als zwei Stunden fern.

3 Die Fernsehsender haben zu spät verstanden, dass …
- a ☐ ältere Menschen gern drei Filme hintereinander sehen.
- b ☐ junge Leute meistens nur amerikanische Serien sehen.
- c ☐ viele Menschen auf ihre Lieblingssendung nicht lange warten wollen.

4 Im Moment ist die Situation so, dass …
- a ☐ die Online-Dienste der TV-Sender wenig genutzt werden.
- b ☐ junge Leute neue TV-Sendungen nur noch online sehen.
- c ☐ viele Nutzer neue Serien auch gern online anschauen.

5 In Zukunft wird es so sein, dass …
- a ☐ alle Fernsehsender Journalisten ausbilden.
- b ☐ der Kameramann Fotos für den Online-Dienst macht.
- c ☐ TV-Journalisten auch Sendungen für das Internet machen.

6 Die Online-Dienste sind für die Werbung interessant, weil …
- a ☐ es im Internet mehr Geld für Werbung gibt.
- b ☐ im Internet mehr Zeit zur Verfügung steht.
- c ☐ man im Internet eine neue Kundengruppe ansprechen kann.

D Training zu Teil 4

1 Du liest in einer Zeitschrift Meinungsäußerungen zu *den sozialen Netzwerken im Internet*.

Welche Äußerung passt zu welcher Überschrift? Eine Äußerung passt nicht.
Die Äußerung a ist das Beispiel und kann nicht noch einmal verwendet werden. ⏲ 12 Minuten

> **HILFE**
> Lies zuerst die Überschriften und das Beispiel.
> Lies danach den Text b und entscheide, welche
> Überschrift dazu passt. Oder passt vielleicht
> keine Überschrift?
> Arbeite dann in dieser Art weiter.

Beispiel:

0 Wenn man ohne Internet nicht leben kann. ____*a*____

1 Persönliche Mitteilungen werden öffentlich bekannt. _____

2 Man weiß nicht sicher, mit wem man in sozialen Netzwerken befreundet ist. _____

3 Hier interessiert man sich für deine Beiträge. _____

4 Das Smartphone ist ständiger Begleiter. _____

5 Unterstützung bekommt man nur von Freunden, die man kennt. _____

6 Im Internet geht nichts verloren. _____

Soziale Netzwerke

a Soziale Medien bestimmen unser Leben. Viele Menschen können ohne den ständigen Internet-Kontakt zu ihren Freunden nicht glücklich sein. Auf der Straße sieht man häufig Leute, die auf ihr Smartphone starren. Ohne Zweifel kann das Internet süchtig machen.
Jakob, Bern

b Wenn man auf Social Media ein gutes Foto postet, bekommt man fast immer sofort eine Rückmeldung. Oft ergibt sich auch ein interessanter Meinungsaustausch. Man bekommt gute Ratschläge und knüpft neue Kontakte. Wenn man seine Fotos Freunden zeigt, interessiert sich meistens
niemand dafür.
Linda, Berlin

c Die meisten Nutzer von sozialen Netzwerken wollen vor allem mit ihren Freunden chatten und Fotos oder Videos teilen. Mit Messenger-Diensten kann man ständig kostenlos in Verbindung bleiben. Man kann jederzeit erfahren, wo die Freunde gerade sind und was sie machen.
Manuel, Graz

d Wenn man oft in den sozialen Netzwerken unterwegs ist, wird man schnell zum „gläsernen Menschen". Alles, was man dort mitteilt, kann weitergegeben werden. So erfahren Versandhäuser und Werbefirmen, welche Vorlieben und Interessen wir haben. Wir geben freiwillig wichtige Informationen heraus.
Susan, Halle

e Wenn jemand stolz darauf ist, dass er 300 virtuelle Freunde hat, dann soll er mal versuchen, ob einer von diesen Freunden ihm wirklich bei einem Problem hilft. Untersuchungen belegen, dass eine hohe Anzahl an Internet-Freundschaften nicht zu größerer Zufriedenheit im Leben führt.
Claudia, Hamburg

f Viele Leute geben in den sozialen Netzwerken nicht ihre wirklichen Namen und Daten an. Sie nehmen eine erfundene Identität an. So kann es passieren, dass man glaubt, mit einem Jugendlichen zu chatten, während man in Wirklichkeit einer alten Dame sehr persönliche Sachen erzählt.
Lars, Freiburg

g Alle Bilder und Informationen, die man im Internet postet oder mitteilt, werden für immer gespeichert. Ein Foto, das bei den Schulfreunden als guter Spaß gilt, kann viele Jahre später vielleicht viel Ärger verursachen. Was einmal gespeichert ist, bleibt für immer.
Paul, Leipzig

h Auf der Bank im Park, in der U-Bahn, in der Pause auf dem Schulhof, beim Spaziergang mit Freunden – überall haben wir es bei uns. Wir wollen jederzeit erreichbar sein und uns schnell über alles informieren. Ohne mein Handy gehe ich niemals aus dem Haus. Und meine Freunde sehen das genauso.
Lisa, Erfurt

2 Du liest in einer Zeitschrift Meinungsäußerungen zum *Versandhandel im Internet*.

Welche Äußerung passt zu welcher Überschrift? Eine Äußerung passt nicht.
Die Äußerung a ist das Beispiel und kann nicht noch einmal verwendet werden.   🕐 12 Minuten

HILFE

Lies zuerst die Überschriften und das Beispiel. Lies danach den Text b und entscheide, welche Überschrift dazu passt. Oder passt vielleicht keine Überschrift? Arbeite dann in dieser Art weiter.

Beispiel:

0 Erstaunliche Wachstumszahlen im Internet-Versandhandel.   *a*

1 Auf dem Land verschwindet der Einzelhandel.   _____

2 Das ganz normale Einkaufen hat einen hohen Spaßfaktor.   _____

3 Zustelldienste erhöhen das Verkehrschaos in den Städten.   _____

4 Waren einfach zurückschicken? Das ist nicht gut.   _____

5 Zu bestimmten Zeiten kommen Pakete manchmal nicht pünktlich.   _____

6 Auch große Teile werden ins Haus gebracht.   _____

Versandhandel im Internet

a In der Zeitung habe ich gelesen, dass der Internet-Versandhandel im letzten Jahr in Deutschland um mehr als 12 % gestiegen ist, d. h. dass über den Versandhandel mehr als 52 Milliarden umgesetzt werden. Und der Trend wächst weiterhin: Der Versandhandel ist das Einkaufsverhalten der Zukunft!
Miriam, Linz

b Seit es den Internet-Versandhandel gibt, hat die Zahl der Zusteller ständig zugenommen. Die gelben und weißen Lieferwagen parken überall in der zweiten Reihe, die Straßen sind verstopft. Für die anderen Autofahrer gibt es kein Durchkommen und keine Parkplätze mehr.
Niklas, Cottbus

c Auf der Post sieht man oft viele Leute, die Pakete zurückbringen. Es sind Originalkartons von bekannten Versand-Firmen. Auf Nachfragen erfährt man: „Wenn ich Schuhe kaufe, muss ich die doch anprobieren. Und die Rücksendung ist gratis." Ich finde das nicht richtig.
Ludwig, Potsdam

d Viele Menschen kaufen Medikamente in Online-Apotheken. Die Preise sind attraktiv und die Lieferung erfolgt am Tag nach der Bestellung. Das einzige Problem ist die Kontrolle. Bei einem Online-Dienst gibt es keine Garantie über die Zusammensetzung der gelieferten Medikamente. Das könnte gefährlich sein.
Ulrike, Wolfsburg

e In vielen Dörfern schließen die Geschäfte. Es gibt keine Textilgeschäfte mehr und jetzt schließen vielerorts auch die Supermärkte. Die alten Leute gehen dadurch kaum noch aus dem Haus. Fragt man sie, wo sie einkaufen, hört man: „Das macht meine Tochter im Internet!"
Lillian, Magdeburg

f Fast jeden Tag klingelt bei uns ein Zusteller und bringt ein Päckchen – für die Nachbarn. Wir nehmen die Pakete gern an, aber warum machen die Leute das? Wir leben in einer Großstadt, es macht Spaß, durch die Geschäfte zu bummeln! Und natürlich liefern die auch nach Hause.
Christian, Wiesbaden

g Im Internet kann man die Qualität der Waren und die Preise vergleichen. Das Angebot ist viel größer als im Einzelhandel. Außerdem werden alle Waren nach Hause geliefert, sogar eine Badewanne. Für Menschen, die als Heimwerker an ihrem eigenen Haus arbeiten, ist das ein großer Vorteil.
Vincent, Neumünster

h Am 10. Dezember habe ich ein Weihnachtspaket an meine Freundin in München abgeschickt. Auf der Post wurde mir versichert, dass es pünktlich ankommen werde. Tatsächlich kam das Paket am 10. Januar an. Als Grund für die Verspätung wurde mir gesagt, dass die Zustelldienste leider überlastet seien.
Sophie, Heidelberg

E Training zu Teil 5

1 Du bist neu an deiner Schule und informierst dich über die Schulordnung.

Welche der Überschriften aus dem Inhaltsverzeichnis passen zu den Paragrafen?
Vier Überschriften werden nicht gebraucht.

🕐 6 Minuten

HILFE

Lies zuerst die Überschriften und das Beispiel.
Lies danach den § 1 und entscheide, welche Überschrift dazu passt.
Arbeite dann in dieser Art weiter.

Schulordnung

Inhaltsverzeichnis

a ~~Regeln für die Anwesenheit~~
b Verantwortung für die Räume
c Sauberkeit und Ordnung
d Verhalten im Klassenzimmer
e Klassenarbeiten und Klausuren
f Lernmittel
g Gestaltung der Pausen
h Cafeteria und Mensabereich

Beispiel:

§ 0

Die regelmäßige und pünktliche Teilnahme am Unterricht ist Voraussetzung des Lernerfolgs und deshalb Pflicht. Verspätungen und Fehlzeiten stören die kontinuierliche Arbeit und beeinträchtigen damit den Lernerfolg.
Schülerinnen und Schüler der Klassen 7–10 dürfen das Schulgelände in begründeten Einzelfällen verlassen.

a

§ 1

Die Unterrichtsstunde beginnt und endet pünktlich. Essen ist während des Unterrichts nicht gestattet. Auch ohne die Anwesenheit einer Lehrkraft herrscht im Klassenraum Ruhe und Ordnung. Falls der Klassen- oder Fachraum noch nicht geöffnet ist, warten die Schülerinnen und Schüler ruhig und diszipliniert davor, ohne andere zu stören.
Ist die Lehrkraft fünf Minuten nach Unterrichtsbeginn noch nicht erschienen, so fragt der Klassensprecher im Schulbüro nach.

§ 2

Die für den Unterricht erforderlichen Materialien (Schulbücher, Schreibzeug, Hefte, Klassenarbeitshefte etc.) werden von den Schülerinnen und Schülern mitgebracht und sind zu Beginn der Unterrichtsstunde unaufgefordert verfügbar.
Die von der Schule ausgeliehenen Lernmaterialien werden pfleglich behandelt und vollständig und unbeschädigt wieder zurückgegeben.

§ 3

Schüler, Lehrer und Eltern tragen in Absprache mit der Schulleitung gemeinsam die Verantwortung für die Räume, die Einrichtung und den dazugehörenden Schulhofbereich.
Jeder benimmt sich während der Mahlzeit so, dass er selbst und seine Tischnachbarn das Essen in Ruhe genießen können. Nach der Mahlzeit wird der eigene Platz aufgeräumt, Geschirr und Besteck werden auf dem Servierwagen gestapelt.

2 Du willst ein Paket über einen privaten Paketdienst schicken und informierst dich über die allgemeinen Vertragsbedingungen.

Welche der Überschriften aus dem Inhaltsverzeichnis passen zu den Paragrafen?
Vier Überschriften werden nicht gebraucht.

⏱ 6 Minuten

HILFE

Lies zuerst die Überschriften und das Beispiel.
Lies danach den § 1 und entscheide, welche Überschrift dazu passt.
Arbeite dann in dieser Art weiter.

Regelung für Paket-Zusteller beim Mobilen Paket-Dienst (mPD)

Inhaltsverzeichnis

a Ein zweiter Versuch für die Zustellung des Paketes.

b Zusätzliche Service-Angebote.

c Hilfsangebote, wenn ein Paket verloren geht.

d ~~Es klappt nicht immer beim ersten Mal.~~

e Liste der Packstationen in Ihrer Region.

f Rücksendung von zugestellten Paketen.

g Zustellung des Paketes beim Nachbarn.

h Beschädigte Waren in zugestellten Paketen.

Beispiel:

§ 0

Ein Zusteller arbeitet nicht 24 Stunden am Tag, Empfänger sind nicht die ganze Zeit zu Hause. Bei einem wachsenden Paketvolumen ist es nicht verwunderlich, dass Pakete nicht immer beim ersten Zustellversuch ankommen. Die Paketdienste arbeiten mit verschiedenen Strategien und Serviceangeboten.

_____*d*_____

§ 1

Die Zusteller von mPD versuchen bei Abwesenheit der Empfänger, die Pakete bei einem Ersatzempfänger in der Nähe abzugeben. So soll die Zustellung beim ersten Versuch gelingen. Als Information legen die Paketboten eine Benachrichtigungskarte in den Hausbriefkasten des Empfängers.

_____

§ 2

Wenn der Zusteller keinen Ersatzempfänger findet, so geht das Paket an die nächstgelegene Postfiliale oder in Einzelfällen an eine Packstation. Wenn das Paket an eine Packstation geht, so ist auf der Benachrichtigungskarte ein Strichcode aufgedruckt. Über diesen können Kunden das Paket abholen, ohne dass sie bereits für den Packstation-Service registriert sind. Sie können jedoch auch einen zweiten Zustellversuch beauftragen. Die Telefonnummer dafür befindet sich auf der Karte. Die Empfänger können den zweiten Zustellversuch auch online beauftragen.

_____

§ 3

Der Service von mPD kann über eine Registrierung bei *mobil.paket.de* erweitert werden. Dadurch können Empfänger verstärkt Einfluss auf die Zustellung nehmen. Zum Service gehört dann laut mPD ein Wunschtermin für die Zustellung, die Abgabe in der Wunschfiliale oder bei einem bevorzugten Wunschnachbarn.

_____

V Simulation: Goethe-Zertifikat B2 Lesen

Lesen

Zeit: 65 Minuten

Das Modul *Lesen* hat fünf Teile.
Du liest mehrere Texte und löst
Aufgaben dazu. Du kannst mit jeder
Aufgabe beginnen. Für jede Aufgabe
gibt es nur eine richtige Lösung.

Vergiss bitte nicht, deine Lösungen
innerhalb der Prüfungszeit auf den
Antwortbogen zu schreiben.

Bitte schreibe deutlich und verwende
keinen Bleistift.

Wörterbücher und Mobiltelefone sind
nicht erlaubt.

Teil 1

Du liest in einem Forum, was Menschen über das Thema *Familie und Beruf* denken.
Auf welche der vier Personen treffen die einzelnen Aussagen zu? Die Personen können mehrmals gewählt werden.

Beispiel:

0 Wer hat sich früher Kinder gewünscht?   **Lösung: a**

1 Wer findet es gut, in einer großen Familie zu leben?

2 Wer bleibt während des Elternurlaubs in Kontakt mit seinen Kollegen?

3 Wer findet die Stunden im Büro erholsam?

4 Wer macht morgens die Hausarbeit?

5 Wessen Eltern machen sich Sorgen um die Zukunft?

6 Wer hat Angst davor, eine Familie zu gründen?

7 Für wen ist das Leben durch die unterschiedlichen Kinder anstrengend?

8 Wessen Mutter kocht abends für den nächsten Tag?

9 Wer findet es in Ordnung, dass die Mutter keine Babypause macht?

a Manuela

Alle jungen Mädchen wünschen sich eine ideale Welt: einen gut verdienenden Ehemann, zwei reizende Kinder und die Mutter arbeitet halbtags in einem schicken Büro. Als 14-Jährige hatte ich auch solche Vorstellungen, aber die Wirklichkeit ist jetzt anders. Ich bin nicht verheiratet, obwohl ich inzwischen 32 bin. Mindestens zweimal im Monat fragen meine Eltern, was ich denn aus meinem Leben machen will. Seit einem Jahr lebe ich mit meinem Freund zusammen. Wir arbeiten, wir haben eine schöne Wohnung, wir sind glücklich – außer, wenn wir über Kinder sprechen! Ich weiß, dass mein Freund sich eine Familie wünscht. Ich weiß aber nicht, wie das gehen soll, weil ich bisher noch nie einen festen Arbeitsvertrag hatte. Mein Freund arbeitet als Freelancer in der IT-Branche, und er ist oft in Osteuropa unterwegs. Im letzten Monat habe ich ihn kaum gesehen, das ist doch kein Familienleben!

b Philipp

Wir sind eine kinderreiche Familie und für mich ist das genau das Richtige, obwohl es natürlich bedeutet, dass wir alle zu Hause verschiedene Aufgaben übernehmen müssen. Meine Mutter arbeitet als Erzieherin in einer Kita, deshalb geht sie morgens mit meiner kleinen Schwester ziemlich früh aus dem Haus. Mein Vater ist auch berufstätig, er ist immer schon weg, wenn ich zum Frühstück komme. Meine Geschwister und ich räumen vor der Schule noch die Küche auf, wir machen die Betten usw. Meine großen Geschwister sind Studenten, sie essen mittags in der Mensa und manchmal gehe ich auch dahin. Aber meistens hat meine Mutter abends etwas vorbereitet, das wir nur aufwärmen müssen. Dann essen wir zu dritt, meine beiden Brüder und ich. Meine ganze Familie ist nur abends und am Wochenende zusammen.

c Mario

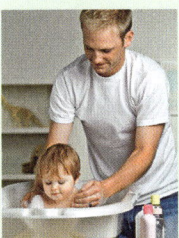

Für mich war immer klar, dass die Familie mir wichtiger ist als Erfolg im Beruf. Wir haben zwei Töchter von zwei und vier Jahren, und ich habe die Elternzeit in Anspruch genommen. Meine Frau ist eine engagierte Lehrerin, die sehr an ihren Schülern hängt, deshalb wollte sie so schnell wie möglich zurück in die Schule. Ich arbeite als Steuerberater in einer großen Agentur. Mein Chef findet es wohl nicht gut, dass ich eine so lange unbezahlte Pause mache, weil er meinen Arbeitsplatz nur kurzfristig besetzen kann. Ich treffe mich ziemlich oft mit meinem Team und dann denke ich, dass es auch schön sein wird, wieder im Büro zu sein. Unsere größere Tochter ist jetzt im Kindergarten. Im nächsten Jahr, wenn auch die Kleine mitgeht, dann werde ich sehr zufrieden zu meinem Beruf zurückkehren.

d Tanja

Ich mache eine duale Ausbildung im kaufmännischen Bereich, das ist ziemlich anspruchsvoll und ich muss viel lernen. Deshalb wünsche ich mir zu Hause etwas Ruhe, aber das ist praktisch unmöglich, weil ich in einer Patchwork-Familie mit drei kleinen Stiefgeschwistern lebe. Ich mag meinen Stiefvater gern und auch die Kinder sind eigentlich süß. Aber es gibt jeden Morgen Streit und Geschrei, sodass ich meiner Mutter helfen muss. Frühstücken kann ich erst, wenn meine Mutter die drei zur Schule und in die Kita bringt. Und dann muss ich sofort losrennen, zur Arbeit. Ich bin immer total froh, wenn ich in der Firma ankomme, weil es dort so schön still und friedlich ist. Am Abend möchte meine Mutter, dass wir alle zusammen essen, obwohl es auch dabei immer viel Stress gibt. Zum Lernen komme ich erst spät abends.

Modul Lesen

vorgeschlagene Arbeitszeit: ⏱ 12 Minuten

Du liest in einer Zeitschrift über die Freundschaft zwischen Männern und Frauen.
Welche Sätze passen in die Lücken? Zwei Sätze passen nicht.

Können Frauen und Männer Freunde sein?

Denkt jetzt mal an eure fünf besten Freunde. An die Freundinnen oder Freunde, mit denen ihr offene
Gespräche führen könnt, bei denen ihr euch immer wohlfühlt. Wenn du ein Junge bist: Wie viele
davon sind Mädchen? Wenn du ein Mädchen bist: (0) _0___

Richtig, die wenigsten. Etwa 90 Prozent unserer Freunde sind uns nicht nur ähnlich, wenn es um
Interessen und Werte geht. (10) _____

Warum das so ist und ob das vielleicht auch gut ist, erforschen Wissenschaftler erst seit einigen
Jahren. Jungen und Mädchen können Freunde sein. (11) _____ Dennoch sind diese Verbindungen
eher selten und viele Menschen stehen solchen Freundschaften kritisch gegenüber.
Mann + Frau = Freunde – kann das wirklich funktionieren? Die Forschung zeigt: So ganz einfach
ist das tatsächlich nicht!
Männer und Frauen haben unterschiedliche Ansprüche an eine Freundschaft. Das zeigt eine aktuelle
Studie. (12) _____ Dabei wurde klar, dass Frauen mehr Wert auf Vertrauen, Offenheit und Zusam-
mengehörigkeit legen. In Männerfreundschaften zählt neben der Zugehörigkeit zu einer Gruppe
auch, ob der andere etwas zu bieten hat: (13) _____

Schon im Schulalter beginnen die Unterschiede. Für Mädchen sind Freundschaften wichtiger als
für Jungen. Sie haben Vertrauen zu ihrer besten Freundin und Freundschaften bedeuten starke
positive Gefühle. Das ist bei den Jungen anders, da stehen gemeinsame Aktivitäten im Vordergrund.
(14) _____ Deshalb ist es verständlich, wenn Frauen die Freundschaft mit einem Mann etwas
oberflächlich finden. Dagegen sagen Männer oft, dass eine gute Freundin einem im Notfall wirklich
helfen würde.

Im Film enden Freundschaften zwischen Frauen und Männern gern mit einer romantischen Hochzeit.
Das ist im wirklichen Leben anders: Zwar können sich viele Männer eine Liebesbeziehung mit einer
guten Freundin vorstellen, die Frauen empfinden das aber als störend. Wenn romantische Gefühle
in der Freundschaft aufkommen, wird die Beziehung kompliziert. (15) _____ Frauen erwarten von
einem Freund das Gleiche wie von einer Freundin: offen reden, zusammen sein, sich wohlfühlen. Das
sollten die Männer wissen – und akzeptieren.

Beispiel:

0 Wie viele davon sind Jungen?

a Die Wissenschaftler haben mehr als 8 800 Personen analysiert.

b Freunde sollen vor allem viel Zeit für mich haben.

c Sondern sie haben auch das gleiche Geschlecht.

d Das ist bei Frauen nicht erwünscht.

e Davon sind alle überzeugt.

f Das hat den Leuten aber nicht gefallen.

g Dieses Muster ändert sich im Erwachsenenalter nicht mehr.

h Ist der Freund wohlhabend, fit, attraktiv oder intelligent?

Teil 3   vorgeschlagene Arbeitszeit: ⏲ 12 Minuten

Du liest in einer Zeitung einen Artikel über *Privatschulen in Deutschland*.
Wähle bei jeder Aufgabe die richtige Lösung.

Gibt es einen Platz für Benni?

In ein paar Monaten muss Benni in eine neue Schule gehen. Die letzten sechs Jahre hat er die Grundschule in der Nachbarschaft besucht, zusammen mit den Freunden, die er schon vom Kindergarten kennt.

Eigentlich möchte Benni am liebsten auch in Zukunft jeden Morgen den Schulweg zusammen mit Marisa und Navid zurücklegen. Schließlich gibt es in seinem Berliner Stadtviertel ein staatliches Gymnasium, wo seine Freunde schon angemeldet sind. Und damit könnte die Sache für Benni klar sein.

Seine Eltern sehen die Situation aber etwas anders: Ihrer Meinung nach ist Benni in den Naturwissenschaften besonders begabt, deshalb möchten sie, dass er auf diesem Gebiet gefördert wird. Nach längeren Gesprächen mit dem Schulleiter des Gymnasiums glauben sie, dass diese Art der Förderung dort nicht möglich sein wird. Natürlich könnte er am Nachmittag Privatunterricht bekommen, aber dann würde er sich in den Mathematikstunden wahrscheinlich langweilen. Vernünftiger wäre deshalb eine MINT-Schule: Mathematik, Informatik, Naturwissenschaft, Technik.

Solche Schulen gibt es in Berlin, aber sie fangen mit dem MINT-Programm erst in der Oberstufe an, also in den letzten drei Jahren. Damit sind aber viele Eltern nicht zufrieden, weil sie glauben, dass gerade die ersten Jahre auf dem Gymnasium besonders wichtig sind. Die Kinder sollen auch in den ersten Jahren vor allem Mathematik und Physik lernen, obwohl das eventuell bedeutet, dass andere Fächer etwas vernachlässigt werden, zum Beispiel die musischen Fächer. Oder auch die Fremdsprachen.

Pädagogen sehen diese einseitige Talentförderung eher skeptisch: Die Möglichkeiten der Kinder, sich individuell zu entwickeln, werden stark eingegrenzt. Sie werden nach den Vorstellungen der Eltern geformt – und das geht nicht immer gut aus. Wenn statt der Interessen des Kindes nur die Wünsche von Vater und Mutter berücksichtigt werden, dann kann das leicht in die falsche Richtung führen. Die Schüler verlieren die Lust am Lernen und das Ergebnis sind traurige Kinder und schlechte Noten.

Benni sieht die Pläne seiner Eltern auch sehr skeptisch, aber aus ganz anderen Gründen: Die private Schule, die seine Eltern schließlich gefunden haben, ist nicht nur ziemlich weit von ihrer Wohnung entfernt, sondern der Unterrichtsplan sieht auch dreimal pro Woche Arbeitsgruppen am Nachmittag vor. Das würde bedeuten, dass er seine alten Freunde nur noch am Wochenende treffen könnte. Die Schule und die Lehrer findet er ganz nett, aber er kennt dort niemanden, und das macht ihm Angst.

Die Diskussionen der Eltern bewegen sich auf ganz anderen Bahnen: Wie sollen sie die Privatschule finanzieren? Das Schulgeld richtet sich nach dem Einkommen der Eltern, trotzdem wird der monatliche Beitrag ein großes Loch in ihr Familienbudget reißen. Wenn Benni ein Stipendium bekommen könnte, müssten sie viel weniger bezahlen. Aber dafür müsste er am Anfang eine Prüfung machen und auch später immer sehr gute Leistungen zeigen. Ziemlich viel Stress für einen Jungen von zwölf Jahren!

Beispiel:

0 Benni soll …

a ☐ auch weiterhin die Grundschule besuchen.

b ☒ demnächst die Schule wechseln.

c ☐ sich neue Freunde suchen.

16 Benni möchte …

a ☐ das Gymnasium in der Nachbarschaft zuerst kennenlernen.

b ☐ ein besonderes Gymnasium besuchen.

c ☐ weiterhin mit seinen Freunden zur Schule gehen.

17 Bennis Eltern denken, dass …

a ☐ Benni Nachhilfeunterricht in Mathe bekommen soll.

b ☐ eine andere Schule für ihren Sohn besser wäre.

c ☐ ihr Sohn in allen Fächern hochbegabt ist.

18 Viele Eltern haben den Wunsch, dass …

a ☐ alle Schulfächer gleichmäßig berücksichtigt werden.

b ☐ der Unterricht sich nach den individuellen Interessen der Kinder richtet.

c ☐ die Naturwissenschaften von Anfang an intensiv unterrichtet werden.

19 Nach Meinung der Pädagogen …

a ☐ ist die individuelle Entwicklung der Schüler nebensächlich.

b ☐ kann man Schüler leicht nach den Wünschen der Eltern formen.

c ☐ muss man die Interessen der Schüler ernst nehmen.

20 Benni ist mit der Privatschule nicht einverstanden, weil …

a ☐ der Schulweg so lang ist.

b ☐ er dort keine Freunde hat.

c ☐ er sich vor den Lehrern fürchtet.

21 Das Schulgeld an einer Privatschule …

a ☐ bedeutet für die Schüler lebenslangen Stress.

b ☐ hängt davon ab, wie viel die Eltern verdienen.

c ☐ ist für die meisten Deutschen zu teuer.

Teil 4	vorgeschlagene Arbeitszeit: ⏱ 12 Minuten

Du liest in einer Zeitschrift Meinungsäußerungen zum Extremsport.
Welche Äußerung passt zu welcher Überschrift? Eine Äußerung passt nicht.
Die Äußerung a ist das Beispiel und kann nicht noch einmal verwendet werden.

Beispiel:

0 Extremsport fördert das Wohlbefinden.   **Lösung: a**

22 Extreme Erfahrungen können zur Abhängigkeit führen.

23 Manchmal ist Extremsport nur ein Mittel zum Geldverdienen.

24 Manche Bergsteiger gefährden sich selbst und andere.

25 Extreme Abenteuer stärken die Persönlichkeit.

26 An bestimmten Sportereignissen kann nicht jeder teilnehmen.

27 Auch früher haben Menschen extreme Sportarten betrieben.

Extremsport

a In vielen Großstädten finden jedes Jahr Marathonläufe statt, bei denen Tausende von Männern und Frauen mitlaufen. Wenn man sie fragt, warum sie das machen, bekommt man immer wieder die Antwort, dass die körperliche Anstrengung glücklich macht. Das ist sicherlich ein gutes Argument für die Teilnahme.
Sabine, Erfurt

b Immer wieder liest man in der Zeitung, dass Extremsportler im Gebirge verunglücken: Sie stürzen ab, sie sind verletzt, sie erfrieren. Die Rettungsaktionen sind aufwendig und teuer, sie sind sehr gefährlich für die Helfer und sie sind keineswegs immer erfolgreich. Das ist doch unsinnig!
Ayse, Stuttgart

c In Berlin soll demnächst ein Mammut-Marsch stattfinden: 100 Kilometer in 24 Stunden. Bisher haben sich 2 500 Menschen um die Teilnahme beworben. Jeder von ihnen muss bei der Anmeldung ein ärztliches Attest vorlegen, in dem bestätigt wird, dass der Bewerber für diesen Event fit genug ist.
Sven, Berlin

d Ein Coach in München versucht, seine Seminar-Teilnehmer für Extrem-Sportarten zu begeistern. Selbst von unsportlichen jugendlichen Computer-fans verlangt er, dass sie zum Bungee-Jumping mitkommen und sich fröhlich in die Tiefe stürzen. Der Coach ist überzeugt, dass dadurch Leistungs-fähigkeit und Ehrgeiz größer werden.
Marie, München

e Einige Extrembergsteiger berichteten nach der Besteigung des Nanga Parbat in Pakistan, dass sie bei der Übernachtung auf circa 7 000 m Höhe merkwürdige Erfahrungen gemacht hatten: Sie sahen Leute vorbeigehen, sie hörten Autos und Musik, sie vernahmen Essensgeruch. Bewirkt wird dies durch den Höhenrausch.
Mark, Heidelberg

f Jedes Jahr sterben Menschen beim Basejumpen. Dabei geht es darum, mit einem Spezial-Fallschirm von hohen Gebäuden, z. B. von Kirchtürmen, zu springen. Der Fallschirm öffnet sich erst nach einiger Zeit, das Wichtige bei dieser Sportart ist das Erlebnis des freien Falls. Dieses Erlebnis wird oft zur Sucht.
Achim, Münster

g Auf Madeira, Portugal, kann man in jedem Sommer die Küstenkletterer beobachten. Junge Leute klettern kilometerweit auf 17 m Höhe an den Klippen entlang und springen schließlich ins Meer. Diese Tradition gab es unter den Insel-bewohnern schon immer, jetzt kommen auch Touristen. Sie nennen es „Coasteering".
Julie, Nürnberg

h In Süddeutschland wird auf einer Fläche von 900 qm ein Extrem-Hindernisfeld aufgebaut. Da muss man klettern, schwimmen, springen, kriechen – und am Ende muss man auch noch teuer dafür bezahlen. Warum gehen die Leute nicht einfach in die Berge? Da ist es auch schwierig, aber wenigstens ist es gratis!
Söder, Hannover

Teil 5   vorgeschlagene Arbeitszeit: 🕐 6 Minuten

Du bist neu in einer Stadt und willst deine täglichen Wege mit dem Fahrrad zurücklegen.
Deshalb informierst du dich über die Verkehrsregeln für Radfahrer.
Welche der Überschriften aus dem Inhaltsverzeichnis passen zu den Paragrafen?
Vier Überschriften werden nicht gebraucht.

Verkehrsregeln für Radfahrer

Inhaltsverzeichnis

a   Benutzung des Fahrradwegs

b   ~~Verhalten an der Ampel~~

c   Verhalten im Kreisverkehr

d   Mobiltelefon und Musik

e   Fußgängerüberweg

f   Abstand und Überholen

g   Klingeln

h   Helm tragen

Beispiel:

§ 0

Das Lichtzeichen für Fahrradfahrer ist absolut zu beachten, auch wenn die Straße frei ist. Sofern kein Lichtzeichen für Fahrradfahrer vorhanden ist, gilt seit dem 01.01.20.. für Fahrradfahrer das Lichtzeichen für den Fahrverkehr.

     _b_

§ 28

Eine Pflicht, auf dem Radweg zu fahren, besteht, wenn dies durch die entsprechende Beschilderung angeordnet ist. Eine Ausnahme von dieser Pflicht besteht nur dann, wenn der Radweg nicht nutzbar ist (z. B. bei Hindernissen, Schnee, Blättern o. Ä.). Rennradfahrer genießen hier keine Besserstellung. Auf einem kombinierten Geh- und Radweg hat der Fahrradfahrer seine Geschwindigkeit dem Fußgängerverkehr anzupassen.

§ 29

Grundsätzlich müssen Kraftfahrzeuge nach der Rechtsprechung mindestens 1,5 bis 2 m Seitenabstand zum Radfahrer einhalten. Für den Radfahrer gilt, dass er Fahrzeuge, die vor einer roten Ampel warten, ausnahmsweise auch rechts überholen darf. Dies gilt nur auf dem rechten Fahrstreifen, wenn die anderen Fahrzeuge stehen. Beim Vorbeifahren an parkenden Fahrzeugen sollte mindestens ein Seitenabstand von 1m eingehalten werden.

§ 30

Nach der Rechtsprechung vom 19.10.20.. dürfen elektronische Geräte während der Fahrt nur noch sehr eingeschränkt benutzt werden. Wenn sie in der Hand gehalten werden müssen, ist die Benutzung während der Fahrt verboten. Etwas anderes gilt, wenn man das Gerät zur Bedienung nicht in die Hand nehmen muss. Aber auch dann darf der Blick des Fahrers nur kurz auf dem Gerät verweilen, und auch nur, wenn es die Verkehrssituation erlaubt.

Antwortbogen Lesen

Teil 1

1	A ☐	B ☐	C ☐	D ☐
2	A ☐	B ☐	C ☐	D ☐
3	A ☐	B ☐	C ☐	D ☐
4	A ☐	B ☐	C ☐	D ☐
5	A ☐	B ☐	C ☐	D ☐
6	A ☐	B ☐	C ☐	D ☐
7	A ☐	B ☐	C ☐	D ☐
8	A ☐	B ☐	C ☐	D ☐
9	A ☐	B ☐	C ☐	D ☐

Teil 2

10	A ☐	B ☐	C ☐	D ☐	E ☐	F ☐	G ☐	H ☐
11	A ☐	B ☐	C ☐	D ☐	E ☐	F ☐	G ☐	H ☐
12	A ☐	B ☐	C ☐	D ☐	E ☐	F ☐	G ☐	H ☐
13	A ☐	B ☐	C ☐	D ☐	E ☐	F ☐	G ☐	H ☐
14	A ☐	B ☐	C ☐	D ☐	E ☐	F ☐	G ☐	H ☐
15	A ☐	B ☐	C ☐	D ☐	E ☐	F ☐	G ☐	H ☐

Lösungen 1–15: ☐☐ Punkte

Teil 3

16	A ☐	B ☐	C ☐
17	A ☐	B ☐	C ☐
18	A ☐	B ☐	C ☐
19	A ☐	B ☐	C ☐
20	A ☐	B ☐	C ☐
21	A ☐	B ☐	C ☐

Teil 4

22	A ☐	B ☐	C ☐	D ☐	E ☐	F ☐	G ☐	H ☐
23	A ☐	B ☐	C ☐	D ☐	E ☐	F ☐	G ☐	H ☐
24	A ☐	B ☐	C ☐	D ☐	E ☐	F ☐	G ☐	H ☐
25	A ☐	B ☐	C ☐	D ☐	E ☐	F ☐	G ☐	H ☐
26	A ☐	B ☐	C ☐	D ☐	E ☐	F ☐	G ☐	H ☐
27	A ☐	B ☐	C ☐	D ☐	E ☐	F ☐	G ☐	H ☐

Lösungen 16–27: ☐☐ Punkte

Teil 5

28	A ☐	B ☐	C ☐	D ☐	E ☐	F ☐	G ☐	H ☐
29	A ☐	B ☐	C ☐	D ☐	E ☐	F ☐	G ☐	H ☐
30	A ☐	B ☐	C ☐	D ☐	E ☐	F ☐	G ☐	H ☐

Lösungen 28–30: ☐☐ Punkte

Gesamtergebnis Lesen: ☐☐ Punkte

Muster

Modul Hören

I Informationen zur Prüfung Goethe-Zertifikat B2 Hören

Die **Prüfung Hören** besteht aus vier Teilen und dauert circa 40 Minuten. Du hörst mehrere Texte und löst Aufgaben dazu. Lies jeweils zuerst die Aufgaben und hör dann den Text.
Für jede Aufgabe gibt es nur eine richtige Lösung.

Vergiss bitte nicht, deine Lösungen in der Prüfung auf den Antwortbogen zu übertragen.
Dazu hast du nach dem Modul Hören fünf Minuten Zeit.

Wörterbücher und Mobiltelefone sind nicht erlaubt.

Übersicht über die einzelnen Prüfungsteile

Teil	Texte	Aufgaben	Ziel
1	Du hörst fünf Gespräche und Äußerungen (Ankündigungen und Mitteilungen) aus dem Alltag. Du hörst jeden Text **einmal**.	Du löst zu jedem Text zwei Aufgaben und markierst bei der ersten Aufgabe **Richtig** oder **Falsch** und bei der zweiten Aufgabe jeweils **a**, **b** oder **c**.	Du zeigst, dass du das Thema erkennen und die wichtigsten Aussagen verstehen kannst (global/selektiv).
2	Du hörst im Radio ein Interview mit einer Persönlichkeit aus der Wissenschaft. Du hörst den Text **zweimal**.	Du löst insgesamt sechs Aufgaben und markierst jeweils **a**, **b** oder **c**.	Du zeigst, dass du bestimmte, auch implizite Informationen im Detail verstehen kannst (selektiv).
3	Du hörst im Radio ein Gespräch mit mehreren Personen. Du hörst den Text **einmal**.	Du löst insgesamt sechs Aufgaben und markierst jeweils **a**, **b** oder **c**.	Du zeigst, dass du den Sprechern bestimmte Meinungen zuordnen kannst (global/detailliert).
4	Du hörst einen kurzen Vortrag. Du hörst den Text **zweimal**.	Du löst insgesamt acht Aufgaben und markierst jeweils **a**, **b** oder **c**.	Du zeigst, dass du die wichtigsten Aussagen im Detail verstehen kannst (detailliert).

II Einstieg zum Hören

A Global hören – Situation und Thema: Die Hauptaussage erkennen

1 Die Situation mithilfe von Schlüsselwörtern erkennen

Schritt für Schritt

Wenn du kurze Alltagstexte hörst, ist es wichtig, dass du verstehst, um welche Situation es sich handelt und was das Thema ist.

Dabei können dir folgende Leitfragen helfen:

1 Wo könnte die Situation spielen?

2 Handelt es sich um eine eher private oder um eine öffentliche Situation?

3 Wer sind die Sprechenden? Wie viele sind es?

4 Was ist das Thema?

Oft gibt uns schon die Aufgabenstellung erste Hinweise auf die Situation. Lies die Aufgaben deshalb immer ganz genau und markiere wichtige Wörter, sogenannte Schlüsselwörter, die dir helfen, die Situation und das Thema besser einzuordnen.

a Lies die Aufgaben 1 und 2 und markiere zuerst nur die Schlüsselwörter wie im Beispiel.

1 Die junge Frau <u>bittet</u> den Mann <u>um</u> seine <u>Hilfe</u>.   ☐ Richtig   ☐ Falsch

2 Kann die junge Frau Hilfe von ihm bekommen?

    a ☐ Ja, aber es geht erst eine Woche später.

    b ☐ Ja, er ist jederzeit dazu bereit.

    c ☐ Nein, denn der Mann geht in Urlaub.

b Was denkst du, was könnte die Situation in a sein? Kreuze an.

a ☐ Die junge Frau und der Mann diskutieren über das Skifahren.

b ☐ Die junge Frau und der Mann handeln einen Termin aus.

c ☐ Die junge Frau und der Mann streiten sich um Renovierungsarbeiten.

◄)) **c Hör jetzt den Text und entscheide dich für eine Lösung in a und b.**
1   **Vergleiche dann mit dem Lösungsschlüssel.**

Hat dir das Markieren geholfen? Das Markieren von Schlüsselwörtern ist eine wichtige Strategie im Umgang mit Hörtexten. Du hörst dann im Text zwar meistens nicht genau dasselbe Wort, aber ein Synonym oder eine Umschreibung. Zudem hilft dir das Markieren von Schlüsselwörtern, erste Vermutungen zum Thema und zur Situation aufzubauen. So kannst du deine Vorerfahrungen und dein Vorwissen zum Thema nutzen.

Modul Hören

d Lies die Aufgaben 1 und 2 und markiere die Schlüsselwörter.

1 Die junge Frau hat im Moment zu viel Arbeit.   ☐ Richtig   ☐ Falsch

2 Was rät ihr der junge Mann?
   a ☐ Es wäre gut, das Thema in der Firma zu besprechen.
   b ☐ Sie sollte noch einmal genau nachdenken.
   c ☐ Sie sollte nicht so viel für die Schule tun.

e Was denkst du, was ist die Situation in d? Kreuze an.

   a ☐ Die junge Frau bittet den Mann um Hilfe.
   b ☐ Der junge Mann gibt der Frau einen Rat.
   c ☐ Die junge Frau spricht mit dem Mann über ihre Wünsche.

◀)) f Hör jetzt den Text und entscheide dich für eine Lösung in d und e.
2   Vergleiche dann mit dem Lösungsschlüssel.

2 Die Situation mithilfe von Redemitteln verstehen

> **HILFE**
> Neben einzelnen Wörtern können auch Redemittel (feste Ausdrücke für die Kommunikation) hilfreich sein, um zu erkennen, welche Absicht oder welches Ziel die Sprechenden haben.

◀)) a Hör die beiden Texte noch einmal. Welche der folgenden Redemittel hast du gehört?
1–2   Kreuze an.

   a ☐ Ich wollte dich fragen, ob …
   b ☐ Ich würde mir wünschen, dass …
   c ☐ Wäre es doch so, dass …
   d ☐ Wie wäre es, wenn du …?
   e ☐ Könntest du bitte …
   f ☐ An deiner Stelle würde ich …

b Ordne die Redemittel aus a den drei Sprechhandlungen in der Tabelle zu.
Vergleiche dann mit dem Lösungsschlüssel.

Um etwas bitten	Einen Rat geben	Wünsche äußern
a,		

B Selektiv und detailliert hören – bestimmte Informationen genau verstehen

Schritt für Schritt

Auch für längere Texte gilt, dass du dich zunächst fragst:

– Um welche Situation handelt es sich (Vortrag, Präsentation, Radioreportage, Interview)?

– Wie viele Personen sprechen?

– Wer sind die Personen / welche Funktion haben die Personen / welchen Beruf haben die Personen?

– Was ist das Thema?

Da es hier darum geht, einzelne Informationen möglichst genau zu verstehen, ist es wichtig zu erkennen, in welchem Kontext die Schlüsselwörter stehen, das heißt, welche Adjektive, Partikel usw. dazugehören, z. B. *Alternativen* – _bequemere_ *Alternativen.*

a Lies die Situation und die Aufgaben 1 bis 6 und markiere die Schlüsselwörter. Markiere auch wichtige Wörter im Kontext dieser Schlüsselwörter (eventuell andere Farbe).

Situation: Im Radio hörst du ein Interview mit einer Expertin zum Thema *Extremsport.*

1 Wir brauchen mehr Informationen …
   a ☐ darüber, welche Extremsportarten junge Menschen machen.
   b ☐ über geeignete Extremsportarten für junge Menschen.
   c ☐ zu den Risiken bei bestimmten Extremsportarten.

2 Worin besteht die Gefahr beim Kitesurfen?
   a ☐ Die Risiken bei diesem Sport sind noch nicht völlig bekannt.
   b ☐ Man kann die Kontrolle über das Sportgerät verlieren.
   c ☐ Ungeübte Jugendliche machen diesen Sport, nur weil er in Mode ist.

3 Kite-Surfen ist so populär geworden, weil …
   a ☐ es ein neuartiger Wassersport ist.
   b ☐ man dabei ein großartiges Gefühl hat.
   c ☐ man dabei lernt, mit Gefahren umzugehen.

4 Die Ausrüstung beim Kitesurfen …
   a ☐ gehört zum Kursangebot europäischer Kiteschulen.
   b ☐ hat in manchen Ländern keine hohe Qualität.
   c ☐ ist an den meisten Surfschulen sehr ähnlich.

5 Man sollte sich in Bezug auf die Ausrüstung …
   a ☐ bei einer guten Verleihfirma informieren.
   b ☐ viel Wissen angeeignet haben.
   c ☐ von der Qualität vor Ort überraschen lassen.

6 Wichtig ist bei den Extremsportarten auch, dass …
   a ☐ die Qualität der jeweiligen Sportschulen geprüft wird.
   b ☐ die Sportler mehr Eigenverantwortung übernehmen.
   c ☐ nur geprüfte Ausrüstungsgegenstände verkauft werden.

◀)) **b** Hör jetzt den Text und entscheide dich für eine Lösung.
3   Vergleiche dann mit dem Lösungsschlüssel.

C Selektiv und detailliert hören – den Sprechenden bestimmte Meinungen zuordnen

Schritt für Schritt

In der Prüfung musst du den Sprechenden einzelne Meinungen oder Standpunkte zuordnen können. Dabei hilft oft schon die Intonation oder Tonhöhe, um zu erkennen, ob er/sie eine positive oder eher negative Meinung zu einem bestimmten Themenaspekt hat. Zusätzlich geben uns Ausrufe wie *ach*, *ah*, *oh* eine Hilfe.

Da die Interviews und Reportagen in der Regel so angelegt sind, dass kontrovers diskutiert wird, solltest du bereits beim Lesen der Aufgaben kontrastierende Standpunkte markieren.

a Lies die Aufgaben 1 bis 6 und markiere die Schlüsselwörter.

Situation: Du hörst im Radio eine Diskussion mit zwei Gästen
über den *Führerschein für Hundebesitzer*.

1 Es gibt Forderungen nach Ausbildungsmaßnahmen für Hundebesitzer.
   a ☐ Moderatorin   b ☐ Jolanda Reese   c ☐ Oliver Sturz

2 Er/Sie findet, dass Hundebesitzer wenig über den Umgang mit ihrem Tier wissen.
   a ☐ Moderatorin   b ☐ Jolanda Reese   c ☐ Oliver Sturz

3 Gesetzliche Regeln sind keine Garantie dafür, dass sich die Situation verbessert.
   a ☐ Moderatorin   b ☐ Jolanda Reese   c ☐ Oliver Sturz

4 Auch wer keinen Hund hat, sollte über diese Tiere informiert sein.
   a ☐ Moderatorin   b ☐ Jolanda Reese   c ☐ Oliver Sturz

5 Er/Sie fragt sich, ob viele Hundebesitzer durch Informationsangebote erreicht werden.
   a ☐ Moderatorin   b ☐ Jolanda Reese   c ☐ Oliver Sturz

6 Hunde haben ein Recht darauf, von ihrem Besitzer gut behandelt zu werden.
   a ☐ Moderatorin   b ☐ Jolanda Reese   c ☐ Oliver Sturz

b Lies nun die Standpunkte noch einmal. Was meinst du? Welche Standpunkte passen inhaltlich zueinander? Gibt es Unterschiede in den Standpunkten? Markiere und mach am Rand Notizen.

1 Es gibt Forderungen nach Ausbildungsmaßnahmen für Hundebesitzer.
2 Er/Sie findet, dass Hundebesitzer wenig über den Umgang mit ihrem Tier wissen.
3 Gesetzliche Regeln sind keine Garantie dafür, dass sich die Situation verbessert.
4 Auch wer keinen Hund hat, sollte über diese Tiere informiert sein.
5 Er/Sie fragt sich, ob viele Hundebesitzer durch Informationsangebote erreicht werden.
6 Hunde haben ein Recht darauf, von ihrem Besitzer gut behandelt zu werden.

c Hör jetzt den Text und löse die Aufgaben in a: Wer hat das gesagt?
Wer hat diese Meinung? Kreuze an. Vergleiche dann mit dem Lösungsschlüssel.

Modul Hören

D Global und detailliert hören – die wichtigsten Aussagen im Detail verstehen

HILFE

Schritt für Schritt

Bei diesem Aufgabentyp werden dir die wichtigsten Schlüsselwörter meistens schon in der Aufgabe präsentiert. Kleine Wörter, wie z. B. Adjektive, Adverbien, Gradpartikel und Negations-wörter verändern die Aussage dann aber zum Teil stark.

a Lies die Aufgaben und markiere kleine Wörter (siehe oben „Schritt für Schritt").

Situation: Du hörst einen Vortrag zum Thema *Familienfeste*.

1 Vor großen Familienfesten haben viele Menschen …
 a ☐ Angst vor einer schlechten Stimmung auf dem Fest.
 b ☐ ein Gefühl von Unlust.
 c ☐ eine große Vorfreude, die Verwandten zu treffen.

2 Es ist zunächst wichtig, zu verstehen, dass …
 a ☐ es anderen Menschen ähnlich geht.
 b ☐ Familienfeste nicht so wichtig sind.
 c ☐ man auch eine gemeinsame Reise machen kann.

3 Vor einem Familienfest kann man sich überlegen, …
 a ☐ was man auf dem Fest alles machen kann.
 b ☐ welche schrecklichen Dinge passieren könnten.
 c ☐ wen man gern wiedersehen möchte.

4 Man kann zu einem Familienfest etwas beitragen, indem man …
 a ☐ andere nach ihrer Lieblingsdekoration fragt.
 b ☐ etwas zu essen mitbringt.
 c ☐ vorgibt, wie alle gekleidet sein müssen.

5 Wenn man seine Wünsche für eine Familienfeier äußern will, …
 a ☐ braucht man viel Mut.
 b ☐ kommt es auf einen freundlichen Ton an.
 c ☐ sollte man auch auf andere hören.

6 Am besten spricht man bei den eigenen Wünschen …
 a ☐ mit allen Geschwistern.
 b ☐ mit Leuten, die ähnlich denken.
 c ☐ über konkrete Lösungen.

7 Bei Familienfeiern …
 a ☐ kann man auch mal weniger Leute einladen.
 b ☐ kann man sich bei den Einladungen abwechseln.
 c ☐ sollte man alle Verwandten einladen.

8 Wenn man gar keine Lust auf ein Familienfest hat, …
 a ☐ sollte man einfach nicht hingehen, ohne etwas zu sagen.
 b ☐ sollte man erklären, warum man nicht kommen möchte.
 c ☐ sollte man um Erlaubnis bitten, nicht zu kommen.

b Hör jetzt den Text und löse die Aufgaben. Was ist richtig: a, b oder c?
  Kreuze an. Vergleiche dann mit dem Lösungsschlüssel.

Modul Hören

III Übungen zum Hören

A Global hören – Situation und Thema: Die Hauptaussage erkennen

◀) 6–10 Lies die Situationen A bis G und hör die Alltagstexte 1 bis 5. Welcher Text passt jeweils? Kreuze an.
Achtung: Zwei Situationen und Themen passen nicht.

	Text 1	Text 2	Text 3	Text 4	Text 5
A Im Radio wird darüber berichtet, wie man seine Pläne am besten umsetzen kann.	☐	☐	☐	☐	☐
B Im Radio wird darüber berichtet, dass Fußgänger, die unterwegs Musik hören, im Straßenverkehr besonders gefährdet sind.	☐	☐	☐	☐	☐
C Im Radio wird darüber berichtet, das Autofahrer, die beim Fahren ihr Handy benutzen, ein hohes Risiko für Fußgänger darstellen.	☐	☐	☐	☐	☐
D Einer Person wird davon abgeraten, bei schlechtem Wetter mit dem Auto zu fahren.	☐	☐	☐	☐	☐
E Eine Person wird gebeten, jemanden aus dem Freundeskreis mit dem Auto mitzunehmen.	☐	☐	☐	☐	☐
F Eine Person kann nicht zur Party kommen, da sie verreisen möchte und jemand sie mit dem Auto mitnehmen kann.	☐	☐	☐	☐	☐
G Eine Person soll eine weitere Person um Rat fragen.	☐	☐	☐	☐	☐

B Selektiv und detailliert hören – bestimmte Informationen genau verstehen

Du hörst im Folgenden ein Interview mit einem Biologen zum Thema „Mikroplastik".

a Welche W-Fragen würdest du zum Thema „Mikroplastik" stellen? Die Bilder helfen dir.

Was ist _____

Wo _____

W _____

W _____

b Was vermutest du? Was könnte der Biologe zu diesem Thema sagen?
Schreibe ein bis zwei Sätze.

_____

_____

◀) 11 c Hör den Text und vergleiche mit deinen Vermutungen.
Ergänze gegebenenfalls deine Antworten in a und b.

d Hör den Text ein zweites Mal. In welcher Reihenfolge werden die folgenden
11 Fragen erwähnt? Nummeriere und vergleiche dann mit dem Lösungsschlüssel.

_____ A Wie lässt sich Mikroplastik vermeiden?

_____ B Wie ist die Forschungssituation?

_____ C Wo findet man im Alltag Mikroplastik?

_____ D Wie wirkt Mikroplastik auf den Menschen?

_____ E Was ist Mikroplastik?

e Erinnerst du dich? Was wird im Text gesagt? Kreuze an. Es ist immer nur eine Lösung richtig.

1 Bei Mikroplastik handelt es sich um Kunststoffteilchen, …
   a ☐ die man normalerweise kaum sehen kann.
   b ☐ die nicht kleiner als fünf Millimeter sind.
   c ☐ die sich in wenigen Produkten finden.

2 Wo findet man Mikroplastik im Alltag?
   a ☐ In Mitteln für eine intensive Hautreinigung.
   b ☐ In Kosmetikprodukten wie Peelings.
   c ☐ In Reinigungsmitteln für den Haushalt.

3 Wie können Plastikteilchen zum Risiko für die Menschheit werden?
   a ☐ Man kann ihre Verbreitung nicht stoppen, und so bleiben sie überall in den Weltmeeren.
   b ☐ Sie gelangen durch die Anwendung von Hautcremes in den Körper.
   c ☐ Sie gelangen über den Verzehr von Fischen in das menschliche Blut.

4 Wie sieht es in Bezug auf die Forschung zum Thema Mikroplastik und Gesundheit aus?
   a ☐ Die Wissenschaft ist sich einig über die Schädlichkeit von Mikroplastik auf die Gesundheit.
   b ☐ Es gibt viel zu wenig Geld für wissenschaftliche Untersuchungen auf diesem Gebiet.
   c ☐ Man kennt die Wirkungsweise von Mikroplastik ziemlich genau.

5 Was kann man gegen Mikroplastikmüll tun?
   a ☐ Man kann alternative Substanzen in Kosmetika verwenden.
   b ☐ Man kann Mikroplastik im Meer in großer Tiefe entsorgen.
   c ☐ Man sollte keinen Plastikmüll auf Schiffen transportieren.

6 Was ist die Voraussetzung, um die Situation zu verändern?
   a ☐ Ersatzstoffe dürfen keine umweltschädigenden Effekte haben.
   b ☐ Es muss nur einen starken Willen für Veränderungen geben.
   c ☐ Man muss viel Fantasie entwickeln.

f Hör den Text schließlich ein drittes Mal und korrigiere gegebenenfalls deine Antworten.
11

HILFE

Du kannst auch mit der Texttranskription vergleichen und/oder mit dem Lösungsschlüssel arbeiten.

Modul Hören

C Selektiv und detailliert hören – den Sprechenden bestimmte Meinungen zuordnen

Du hörst im Folgenden ein Gespräch im Radio mit zwei Gästen zum Thema „Die Rückkehr der Wölfe in die deutschen Wälder".

a Lies die Meinungen A bis E. Person 2 hat die Meinung A.
  Welche Aussage könnte noch zu Person 2 passen? Was glaubst du?
  Kreuze an. Welche Meinungen könnte dann Person 3 haben?
  Und was könnte zu Person 1 passen?

HILFE
Denke daran, dass Meinungen in der Regel zusammenpassen.

	Person 1	Person 2	Person 3
A Wölfe haben von Natur aus Respekt vor dem Menschen. ☺		X	
B Die Bauern hätten schon viel früher unterstützt werden müssen. ☹			
C Es gibt Hinweise, dass nicht alle Wölfe vor Menschen davonlaufen. ☹			
D Paarungen zwischen Wolf und Hund könnten zu Problemen führen. ☹			
E Die Rückkehr der Wölfe nach Deutschland ist sehr positiv zu beurteilen. ☺			

◀) 12 b Hör den Text ein erstes Mal und vergleiche mit deinen Zuordnungen.
      An welcher Stelle bist du eventuell überrascht? Warum?

◀) 12 c Hör den Text ein zweites Mal und wähle die richtige Lösung a, b oder c. Kreuze an.

  1 Wölfe haben von Natur aus Respekt vor dem Menschen.
    a ☐ Moderatorin   b ☐ Anke Hoffmann   c ☐ Matthias Wimmer
  2 Die Bauern hätten schon viel früher unterstützt werden müssen.
    a ☐ Moderatorin   b ☐ Anke Hoffmann   c ☐ Matthias Wimmer
  3 Es gibt Hinweise, dass nicht alle Wölfe vor Menschen davonlaufen.
    a ☐ Moderatorin   b ☐ Anke Hoffmann   c ☐ Matthias Wimmer
  4 Paarungen zwischen Wolf und Hund könnten zu Problemen führen.
    a ☐ Moderatorin   b ☐ Anke Hoffmann   c ☐ Matthias Wimmer
  5 Die Rückkehr der Wölfe nach Deutschland ist sehr positiv zu beurteilen.
    a ☐ Moderatorin   b ☐ Anke Hoffmann   c ☐ Matthias Wimmer
  6 Man sollte versuchen, das Thema wirklich ernst zu nehmen.
    a ☐ Moderatorin   b ☐ Anke Hoffmann   c ☐ Matthias Wimmer

d Trage dann die Namen der Personen in die Tabelle in a ein.

e Vergleiche deine Lösungen aus c mit dem Lösungsschlüssel.

f Lies die folgenden Redemittel bzw. Sätze 1–7 aus dem Hörtext. Was bedeuten Sie in dem Zusammenhang des Hörtextes? Kreuze an. Vergleiche dann mit dem Lösungsschlüssel.

1 Oh ja, die sind gar nicht mehr zu übersehen!
a ☐ Bestätigung   b ☐ Widerspruch   c ☐ Aufforderung

2 Da kann ich nur sagen, dass …
a ☐ Bestätigung   b ☐ andere Meinung   c ☐ Zweifel

3 Lässt sich das so pauschal sagen?
a ☐ andere Meinung   b ☐ Zweifel   c ☐ Zustimmung

4 Da handelt es sich sicher nur um Einzelfälle.
a ☐ Einschränkung   b ☐ Zustimmung   c ☐ Zweifel

5 Ich denke, wir sollten uns darüber freuen, dass …
a ☐ Aufforderung zu einer positiven Meinung   b ☐ Aufforderung zum gemeinsamen Handeln   c ☐ ironischer Einwand

6 Wir müssen alles im Auge behalten.
a ☐ Aufforderung zur Vorsicht   b ☐ Aufforderung, gemeinsam hinzusehen.   c ☐ Aufforderung, etwas für die Augen zu tun.

7 Es besteht kein Grund zur Panik.
a ☐ Beruhigung   b ☐ Aufforderung   c ☐ Desinteresse

g Vergleiche mit dem Lösungsschlüssel.

D Global und detailliert hören – die wichtigsten Aussagen im Detail verstehen

Du hörst im Folgenden einen Text zum Thema „Durch gesunde Ernährung zu mehr Lebensqualität".

a Was fällt dir zu dem Stichwort/Thema „Ernährung" ein? Notiere deine Ideen in einem Assoziogramm.

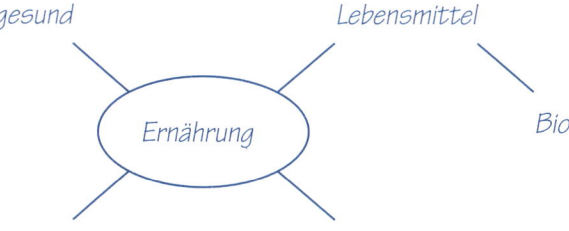

b Überlege dann: Wie könnte man durch Ernährung mehr Lebensqualität erlangen? Notiere deine Ideen.

gesunde Lebensmittel, …

Modul Hören

c Lies die Aufgaben 1 bis 8. Unterstreiche die Antwort, die deiner Meinung nach richtig ist.

1 „Gesunde Ernährung" heißt für viele, dass sie …
a ☐ abends nichts mehr essen dürfen.
b ☐ die meisten Dinge nicht essen dürfen.
c ☐ nichts mehr essen dürfen, was gut schmeckt.

2 Wer sich gesund ernährt, der …
a ☐ kann mehr leisten.
b ☐ schläft länger.
c ☐ sieht sportlich aus.

3 Durch gesunde Ernährung kann man Geld sparen, weil …
a ☐ man mit gesunden Lebensmitteln kleinere Portionen kochen kann.
b ☐ man weniger oft essen muss und weniger Lebensmittel braucht.
c ☐ nur noch kleine Zwischenmahlzeiten braucht.

4 Um aus Obst und Gemüse gute Speisen zu machen, …
a ☐ kann man einfache Rezepte aus Kochbüchern nachkochen.
b ☐ muss man ein guter Koch oder eine gute Köchin sein.
c ☐ sollte man zu Hause viele verschiedene Rezepte ausprobieren.

5 Man kann sich mit dem Thema intensiver beschäftigen, indem man …
a ☐ Kochkurse besucht.
b ☐ sich über Kochworkshops informiert.
c ☐ viel darüber diskutiert.

6 In Kochseminaren und Workshops kann man …
a ☐ Erfahrungen mit anderen Teilnehmern austauschen.
b ☐ mit Fachleuten für gesundes Essen sprechen.
c ☐ neue Kräuter und Gewürze kennenlernen.

7 Die Gefahr, in alte Essgewohnheiten zurückzufallen, sinkt, wenn wir …
a ☐ immer wieder neue Rezepte ausprobieren.
b ☐ uns gegenseitig unterstützen und beraten.
c ☐ uns längere Zeit gesund ernähren.

8 Es wirkt sich positiv auf die Lebenszufriedenheit aus, wenn wir …
a ☐ immer wieder auch neue Kontakte knüpfen.
b ☐ insgesamt ruhig und zufrieden sind.
c ☐ viele Freunde und Bekannte haben.

🔊 **d** Hör dann den Text und wähle die richtige Lösung a, b oder c. Kreuze an.
13

e Vergleiche deine Lösungen mit dem Lösungsschlüssel und korrigiere gegebenenfalls
deine Antworten.

TIPP

Denke daran: Nicht deine Meinung und/oder dein Weltwissen ist
gefragt: Konzentriere dich auf die Meinung, die du im Text hörst.

f Vergleiche die Lösungen mit deinen Vermutungen. Was stimmt überein? Was ist anders?

IV Training zur Prüfung Hören

HILFE

In Teil IV ist jeder Prüfungsteil doppelt, d. h. du kannst jeden Prüfungsteil zweimal üben.

TIPP

Kreuze immer eine Lösung an! Auch dann, wenn du nicht sicher bist.

A Training zu Teil 1

1 Übungstexte 1

🔊 14

a Du hörst fünf Gespräche und Äußerungen. Du hörst jeden Text *einmal*. Zu jedem Text löst du zwei Aufgaben. Wähle bei jeder Aufgabe die richtige Lösung. Lies jetzt das Beispiel. Dazu hast du 15 Sekunden Zeit.

TIPP

Lies die Aufgaben ganz genau!

Beispiel:

01 Der jungen Frau hat das Rockkonzert überhaupt nicht gefallen.   Richtig   F̶a̶l̶s̶c̶h̶

02 Welche Aspekte werden angesprochen?
- a ☐ Der Ort und die Speisen.
- b ☒ Die Musik und der Preis.
- c ☐ Die Zelte und die Sänger.

1 Der Junge fragt, ob er den Roller noch behalten kann.   Richtig   Falsch

2 Welche Meinung hat das Mädchen dazu?
- a ☐ Er kann ihn behalten, weil sie ihn nicht mehr mag.
- b ☐ Er soll ihn zurückgeben, weil sie ihn noch braucht.
- c ☐ Sie meldet sich, wenn ihn eine andere Person braucht.

3 Im Interview geht es um bessere Noten im Mathematikunterricht.   Richtig   Falsch

4 Weshalb kommt ein Mathematikprofessor in die Schule?
- a ☐ Die Schüler haben sich das gewünscht.
- b ☐ Die Schule hat zu wenig Mathematiklehrer.
- c ☐ Die Schüler haben Probleme mit Mathematik.

5 Das Mädchen wusste schon immer, welcher Beruf für sie passt.   Richtig   Falsch

6 Weshalb überlegt sie, Mülldesignerin zu werden?
- a ☐ Sie interessiert sich für Mülltrennung.
- b ☐ Sie mag kreatives Handwerken.
- c ☐ Sie mag technische Abfallprodukte.

7 Ein Moderator spricht über die Wirkung von Knoblauch.   Richtig   Falsch

8 Was steht im Mittelpunkt seiner Ausführungen?
- a ☐ Die Durchführung einer Studie.
- b ☐ Gesundheitliche Aspekte.
- c ☐ Unangenehme Folgen des Knoblauchverzehrs.

9 Zwei Frauen sprechen über einen gemeinsamen Filmabend.   Richtig   Falsch

10 Warum möchte die eine Frau zu Hause bleiben?
- a ☐ Filme gehen ihr momentan auf die Nerven.
- b ☐ Sie braucht am Abend Zeit, um sich zu erholen.
- c ☐ Sie muss abends für ihr Studium arbeiten.

b Vergleiche deine Lösungen mit dem Lösungsschlüssel.

Modul Hören

Modul Hören

2 Übungstexte 2

🔊 a **Du hörst fünf Gespräche und Äußerungen. Du hörst jeden Text *einmal*. Zu jedem Text löst du**
15 **zwei Aufgaben. Wähle bei jeder Aufgabe die richtige Lösung. Lies jetzt das Beispiel. Dazu hast**
du 15 Sekunden Zeit.

TIPP

In der Prüfung werden die Aufgaben Prüfungsteil Hören durchnummeriert: 1–30. 0 bzw. 01 und 02 sind immer die Nummern von den Lösungsbeispielen. Das erinnert dich noch einmal daran, wie die Aufgabe funktioniert.

HILFE

Im Training hörst du hier kein Beispiel.

1 Die Jugendliche war schon einmal in einer Theatergruppe.   Richtig   Falsch
2 Wird sie bei einem Stück mitspielen?
   a ☐ Ja, sie wird sicher eine gute Rolle bekommen.
   b ☐ Nein, es wird kein Stück gespielt.
   c ☐ Vielleicht, und dann wird die Rolle geteilt.

3 Alte Dinge darf man nicht am Straßenrand entsorgen.   Richtig   Falsch
4 Was kann man tun, um sie noch zu verschenken?
   a ☐ Man kann sie beim Müllcontainer abladen.
   b ☐ Man muss sie zum Wertstoffhof bringen.
   c ☐ Man sollte Interessenten übers Internet suchen.

5 Der Junge möchte wissen, was im Kurs gelaufen ist.   Richtig   Falsch
6 Bekommt er die gewünschten Informationen?
   a ☐ Ja, eine Freundin hat gute Mitschriften.
   b ☐ Nein, keiner seiner Freunde war bei der Schülerzeitung.
   c ☐ Nein, niemand hat Mitschriften gemacht.

7 Es ist keine Straftat, ohne Ticket Bus zu fahren.   Richtig   Falsch
8 Welcher Meinung sind einige Experten?
   a ☐ Die Tickets sollten günstiger sein.
   b ☐ Man sollte mehr Freiheitsstrafen geben.
   c ☐ Die Leute suchen zu viel Abenteuer.

9 Das Mädchen informiert sich über ein Austauschprogramm.   Richtig   Falsch
10 Hat sie Angst davor, für ein Jahr im Ausland zu leben?
   a ☐ Ja, aber ihre Familie kommt sie besuchen.
   b ☐ Nein, denn sie kennt ihre Gastfamilie schon lange.
   c ☐ Nein, weil sie bei ihrer Englischlehrerin wohnen kann.

b **Vergleiche deine Lösungen mit dem Lösungsschlüssel.**

B Training zu Teil 2

1 Übungstext 1

🔊
16

a **Du hörst im Radio ein Interview mit einer Persönlichkeit aus der Wissenschaft. Du hörst den Text *zweimal*. Wähle bei jeder Aufgabe die richtige Lösung. Lies jetzt die Aufgaben 11 bis 16. Dazu hast du 90 Sekunden Zeit.**

> **TIPP**
>
> Im Prüfungsteil 2 gibt es kein Beispiel. Die Aufgaben haben die Nummern 11 bis 16.
>
> Hörtexte sind oft redundant, das heißt, wichtige Informationen wiederholen sich! Du brauchst also nicht nervös zu werden, wenn du ein Wort nicht verstehst.

11 Unter „Sanftem Tourismus" ist ein Konzept zu verstehen, das …
  a ☐ die Kultur des Reiselandes in den Mittelpunkt stellt.
  b ☐ über ökologische Aspekte hinausgeht.
  c ☐ vor allem den Naturschutz berücksichtigt.

12 Wer „sanft" reisen will, sollte bereit sein, …
  a ☐ der Kultur der Menschen im Gastland zu vertrauen.
  b ☐ seine eigene Kultur im Gastland zu vertreten.
  c ☐ über seine kulturellen Verhaltensweisen nachzudenken.

13 Was ist das Besondere an dem Buch von Herrn Weiß?
  a ☐ Man lernt etwas über die eigene Kultur.
  b ☐ Man lernt etwas über die Leute des Reiselands.
  c ☐ Man lernt fremde Kulturen Schritt für Schritt kennen.

14 An welchen Leserkreis wendet sich Herr Weiß mit seinem Buch?
  a ☐ An alle, die gern anspruchsvolle Reiseführer lesen.
  b ☐ An Kulturinteressierte, die etwas über andere Länder erfahren wollen.
  c ☐ An Touristen, die etwas Besonderes erleben wollen.

15 Das Buch von Herrn Weiß …
  a ☐ enthält einen großen praktischen Teil.
  b ☐ führt den Leser schrittweise an wissenschaftliche Methoden heran.
  c ☐ ist anspruchsvoll und eher theoretisch.

16 Das nächste Buch von Herrn Weiß …
  a ☐ beschreibt, wie man in den verschiedenen deutschen Regionen übereinander denkt.
  b ☐ berichtet über die Vorurteile zwischen Ost- und Westdeutschen.
  c ☐ soll dazu beitragen, die deutschen Regionen besser zu verstehen.

b **Vergleiche deine Lösungen mit dem Lösungsschlüssel.**

2 Übungstext 2

a **Du hörst im Radio ein Interview aus dem Bereich Technik und Wissenschaft. Du hörst den Text *zweimal*. Wähle bei jeder Aufgabe die richtige Lösung. Lies jetzt die Aufgaben 11 bis 16. Dazu hast du 90 Sekunden Zeit.**

17

> **TIPP**
>
> Konzentriere dich beim Hören auf wesentliche Informationen. Achte dabei auch auf Erklärungen und Wiederholungen, die durch Ausdrücke wie „Das heißt ...", „So ...", und ähnliche eingeleitet werden.

11 Felix hat einen Mülleimer erfunden, ...
   - a ☐ den man nur in der Küche verwenden kann.
   - b ☐ der anders aussieht als die meisten Mülleimer.
   - c ☐ der meldet, wenn er ausgeleert werden muss.

12 Bei der Entwicklung des Mülleimers war es eine besondere Herausforderung, ...
   - a ☐ ihn zu programmieren.
   - b ☐ geeignete Signaltöne auszusuchen.
   - c ☐ technische Fragen zu beantworten.

13 Bei dem Wettbewerb „Jugend kreativ" geht es vor allem darum, ...
   - a ☐ eine gute Idee in die Praxis umzusetzen.
   - b ☐ produktionsreife Dinge zu vermarkten.
   - c ☐ wirtschaftliches Denken zu zeigen.

14 Felix ist auf die Idee mit dem Mülleimer gekommen, weil ...
   - a ☐ er die Menschen in seiner Umgebung befragt hat.
   - b ☐ er die Verhaltensweisen in seiner Familie beobachtet hat.
   - c ☐ es Situationen gab, in denen er so einen Mülleimer brauchte.

15 Woran muss Felix bei dem Mülleimer noch arbeiten?
   - a ☐ Am Gewicht des Eimers.
   - b ☐ An den verschiedenen Vogelstimmen.
   - c ☐ An einzelnen Details beim Design.

16 Für die Zukunft wünscht sich Felix einen eigenen Roboter, der ...
   - a ☐ auch Hausaufgaben machen kann.
   - b ☐ die Sterne für ihn beobachtet.
   - c ☐ für die ganze Familie das Geschirr spült.

b **Vergleiche deine Lösungen mit dem Lösungsschlüssel.**

Modul Hören

C Training zu Teil 3

1 Übungstext 1

🔊 **a Du hörst im Radio ein Gespräch mit mehreren Personen. Die Personen sprechen über ein Berliner**
18 **Innenhoftheater. Du hörst den Text *einmal*. Wähle bei jeder Aufgabe: Wer sagt das? Lies jetzt die**
Aufgaben 17 bis 22. Dazu hast du 60 Sekunden Zeit.

> **TIPP**
>
> Es sprechen immer drei Personen miteinander, ein Mann und zwei Frauen bzw. zwei Männer und eine Frau. Du findest im Beispiel immer ein Foto dieser Personen und die Namen dazu. Achte beim Hören auch auf den Klang ihrer Stimmen: Mann/Frau, jung/alt, hell/dunkel usw. Im Text werden die Gesprächspartner von der Moderatorin bzw. dem Moderator oft angesprochen. Achte daher besonders auf die Moderation, damit du immer weißt, *wer* gerade spricht.

> **TIPP**
>
> Die Aufgaben im Prüfungsteil 3 haben die Nummern 17 bis 22.
>
> Die Aufgabe 0 ist das Beispiel. Das erinnert dich noch einmal daran, wie die Aufgabe funktioniert, und zeigt dir, wer spricht.

Beispiel:

0 Schon in meiner Kindheit wollte ich Theater spielen.

a ☐ Moderatorin   b ☒ Angelika Arnoldt   c ☐ Leonhard Schwarzer

17 Es ist bestimmt schwierig, für Innenhöfe eine Spielerlaubnis zu bekommen.
a ☐ Moderatorin   b ☐ Angelika Arnoldt   c ☐ Leonhard Schwarzer

18 Vor einer Theateraufführung muss man die Nachbarn um Erlaubnis bitten.
a ☐ Moderatorin   b ☐ Angelika Arnoldt   c ☐ Leonhard Schwarzer

19 Es war nicht Teil des Vertrags, nach der Aufführung ein Fest zu veranstalten.
a ☐ Moderatorin   b ☐ Angelika Arnoldt   c ☐ Leonhard Schwarzer

20 Eine Person hat ohne Absprache Werbung über das Internet verbreitet.
a ☐ Moderatorin   b ☐ Angelika Arnoldt   c ☐ Leonhard Schwarzer

21 Das Innenhoftheater hat sich positiv auf die Stimmung im Hof ausgewirkt.
a ☐ Moderatorin   b ☐ Angelika Arnoldt   c ☐ Leonhard Schwarzer

22 Inszenierungen von Märchen regen die Fantasie der Zuschauer an.
a ☐ Moderatorin   b ☐ Angelika Arnoldt   c ☐ Leonhard Schwarzer

b Vergleiche deine Lösungen mit dem Lösungsschlüssel.

Modul Hören

2 Übungstext 2

🔊 a **Du hörst im Radio ein Gespräch mit mehreren Personen. Die Personen sprechen über Tattoos.**
19 **Du hörst den Text *einmal*. Wähle bei jeder Aufgabe: Wer sagt das? Lies jetzt die Aufgaben 17 bis 22.**
   Dazu hast du 60 Sekunden Zeit.

TIPP

Überspringe einfach eine Aufgabe, wenn du eine Information überhört oder verpasst hast.
Kreuze dann nach Ende des Hörverstehensteils eine Antwort an, von der du meinst, sie könnte passen.
Im Training hörst du hier kein Beispiel.

17 Ein Tattoo sollte man als einen Teil von sich selbst akzeptieren können.
   a ☐ Moderator   b ☐ Vera Tisch   c ☐ Tim Geist
18 Während und nach der Tätowierung muss man sehr gewissenhaft sein.
   a ☐ Moderator   b ☐ Vera Tisch   c ☐ Tim Geist
19 Viele möchten durch ein Tattoo zeigen, dass sie risikofreudig sind.
   a ☐ Moderator   b ☐ Vera Tisch   c ☐ Tim Geist
20 Man kann Mut auch durch Taten beweisen.
   a ☐ Moderator   b ☐ Vera Tisch   c ☐ Tim Geist
21 Viele Menschen wollen sich durch ihr Tattoo von anderen abgrenzen.
   a ☐ Moderator   b ☐ Vera Tisch   c ☐ Tim Geist
22 Man sollte sich vorher gründlich überlegen, ob man ein Tattoo machen lässt.
   a ☐ Moderator   b ☐ Vera Tisch   c ☐ Tim Geist

b **Vergleiche deine Lösungen mit dem Lösungsschlüssel.**

D Training zu Teil 4

1 Übungstext 1

🔊 a **Du hörst einen kurzen Vortrag. Der Redner spricht über das Thema „Handynutzung".**
20 **Du hörst den Text *zweimal*. Wähle bei jeder Aufgabe die richtige Lösung.**
   Lies jetzt die Aufgabe 23 bis 30. Dazu hast du 90 Sekunden Zeit.

TIPP

Die Lösungen haben im Hörtext die gleiche Reihenfolge wie die Fragen.
Lass dich durch die Aufgabenstellung nicht auf einen falschen Weg führen!
Folge deiner ersten Intuition.
In die Aufgaben sind manchmal auch „Fallen" eingebaut, also Stellen,
wo du besonders nachdenken sollst. Versuche, diese Stellen zu finden.

HILFE

Im Modul Lesen hast du dich mit Fallen in der Aufgabenstellung vertraut
gemacht: „Falsche Fährten". Solche gibt es auch im Hörverstehen.

23 Beim Thema Handynutzung geht es um die Frage, …
    a ☐ warum Handynutzung für Jugendliche nicht schädlich ist.
    b ☐ wozu die Menschen ihre Handys hauptsächlich nutzen.
    c ☐ ab welchem Zeitpunkt gesundheitliche Schäden auftreten können.

24 Bei der Handynutzung ist es wichtig, …
    a ☐ den Umgang mit diesen Geräten zu lernen.
    b ☐ Erkenntnisse über den Umgang mit Handys zu sammeln.
    c ☐ zu schauen, wie man selbst mit dem Handy umgeht.

25 Man sollte beobachten, …
    a ☐ ob man das Handy auch einmal weglegen kann.
    b ☐ ob Nachrichten auf dem Handy wichtig sind oder nicht.
    c ☐ wie man das Handy in der Hand hält.

26 Um das eigene Verhalten zu ändern, …
    a ☐ muss man Ziele definieren.
    b ☐ muss man viel über Handys wissen.
    c ☐ sollte man sich konkrete Maßnahmen überlegen.

27 Regeln zur Handynutzung sollten …
    a ☐ einfach formuliert sein.
    b ☐ im alltäglichen Leben gut funktionieren.
    c ☐ für alle überzeugend klingen.

28 Die Zeit, die man am Handy verbringt, lässt sich nicht leicht berechnen, denn man …
    a ☐ benutzt es sehr unregelmäßig.
    b ☐ ist mit vielen anderen Dingen beschäftigt.
    c ☐ würde zu lange dafür brauchen.

29 Sinnvolle Regeln …
    a ☐ erlauben die Handynutzung nur an bestimmten Tagen.
    b ☐ legen die Höchstdauer für die tägliche Handynutzung fest.
    c ☐ verbieten die Handynutzung an bestimmten Orten.

30 Bei allen Regeln ist es wichtig, dass man …
    a ☐ selbstbewusst mit ihnen umgeht.
    b ☐ sich an die Regeln hält.
    c ☐ sie frei im Alltag einsetzt.

b **Vergleiche deine Lösungen mit dem Lösungsschlüssel.**

Modul Hören

Modul Hören

2 Übungstext 2

a Du hörst einen kurzen Vortrag. Die Rednerin spricht über das Thema „Motivation".
21 Du hörst den Text *zweimal*. Wähle bei jeder Aufgabe die richtige Lösung.
Lies jetzt die Aufgabe 23 bis 30. Dazu hast du 90 Sekunden Zeit.

23 Wer wichtige Dinge aufschiebt, …
a ☐ dem geht es nicht so gut.
b ☐ mag keine größeren Aufgaben.
c ☐ muss sie am Ende schneller erledigen.

24 Wer sich selbst motiviert, hat am Ende ein Ergebnis, …
a ☐ auch ohne dass er Spaß hat.
b ☐ obwohl man entspannter ist.
c ☐ weil man es leichter erledigen kann.

25 Was sagt die Forschung zu dem Thema?
a ☐ Es gibt andere wichtige Aspekte.
b ☐ Es gibt diesen einen wichtigen Aspekt.
c ☐ Sie ist sich uneinig.

26 Man kann sich selbst für eine Aufgabe motivieren, indem man …
a ☐ ein sichtbares Ziel erreicht.
b ☐ etwas Abstraktes damit verbindet.
c ☐ sie intensiv plant.

27 Große Aufgaben kann man leichter erledigen, wenn man …
a ☐ die ganze Arbeit nicht auf einmal macht.
b ☐ nur das macht, was wichtig ist.
c ☐ sie in einem großen Schritt macht.

28 Man könnte z. B. beim Zimmeraufräumen beginnen, indem man …
a ☐ die Ecken des Zimmers aufräumt.
b ☐ die Gegenstände im Zimmer sortiert.
c ☐ sich auf die großen Gegenstände im Zimmer konzentriert.

29 Eine wichtige Strategie ist auch, …
a ☐ den zeitlichen Aufwand für eine Aufgabe zu begrenzen.
b ☐ festzulegen, was man in einer bestimmten Zeit schaffen kann.
c ☐ sich viel Zeit für eine Aufgabe zu nehmen.

30 Mit welchem Gefühl sollte man sich an die Arbeit machen?
a ☐ Ich gehe ganz sachlich an diese Aufgabe heran.
b ☐ Ich kann diese Aufgabe problemlos schaffen.
c ☐ Es macht mir Spaß, diese Aufgabe zu erledigen.

b Vergleiche deine Lösungen mit dem Lösungsschlüssel.

V Simulation: Goethe-Zertifikat B2 Hören

HILFE

Du hörst den Prüfungsteil Hören komplett wie in der Prüfung, mit allen Pausen zum Lesen der Aufgaben und zum Übertragen der Lösungen auf den Antwortbogen.
Stoppe die Wiedergabe der Hördatei nicht. Nur so kannst du diesen Prüfungsteil „in echt" üben.

Modul Hören

Hören

Zeit: circa 40 Minuten

Das Modul *Hören* hat vier Teile. Du hörst
mehrere Texte und löst Aufgaben dazu.

Lies jeweils zuerst die Aufgaben
und hör dann den Text dazu.

Für jede Aufgabe gibt es nur eine
richtige Lösung.

Vergiss bitte nicht, deine Lösungen
auf den **Antwortbogen** zu übertragen.
Dazu hast du nach dem Modul Hören
fünf Minuten Zeit.

Am Ende jeder Pause hörst du dieses Signal: ♪

Wörterbücher und Mobiltelefone
sind nicht erlaubt.

◀)) 22

Teil 1

Du hörst fünf Gespräche und Äußerungen.
Du hörst jeden Text *einmal*. Zu jedem Text löst du zwei Aufgaben. Wähle bei jeder
Aufgabe die richtige Lösung. Lies jetzt das Beispiel. Dazu hast du 15 Sekunden Zeit.

Beispiel:

01 Das Mädchen hat vor, nach den Schulferien nach Südamerika zu fahren.   [Richtig]   [Fal̶s̶ch]

02 Was will sie zunächst machen?
  a ☒ Sie kann in einem Hotel am Meer arbeiten.
  b ☐ Sie will sich einen Ferienjob suchen.
  c ☐ Sie sucht nach einem Hoteljob in Südamerika.

1 Die Frau erzählt, weshalb sie neuerdings eine leichtere Sportart bevorzugt.   [Richtig]   [Falsch]

2 Welche Meinung hat die Frau über das Klettern am Berg?
  a ☐ Für sich selbst hält sie das Klettern für ungeeignet.
  b ☐ Klettern hilft ihrer Meinung nach, sich zu entspannen.
  c ☐ Sie findet, dass Klettern sehr gefährlich ist.

3 Im Interview geht es um unbegleitete Abenteuertouren.   [Richtig]   [Falsch]

4 Was kann man auf den Touren alles erleben und erfahren?
  a ☐ Geführte Spaziergänge durch die Natur.
  b ☐ Lokale Tierarten im Zoo des Naturparks.
  c ☐ Maßnahmen zum Schutz der Wälder.

5 Die junge Frau berichtet über den Verlauf ihres Bewerbungsgesprächs.   [Richtig]   [Falsch]

6 Weshalb hält sie es für möglich, die Stelle zu bekommen?
  a ☐ Die ganze Zeit über war sie sehr ruhig.
  b ☐ Sie hatte sich sehr gut vorbereitet.
  c ☐ Etwas konnte sie nicht beantworten.

7 Ein Moderator informiert über die Nachteile von Plakatwerbung.   [Richtig]   [Falsch]

8 Worauf ist bei der Werbung mit Plakaten besonders zu achten?
  a ☐ Die Plakate sollten besonders farbig sein.
  b ☐ Die Plakate sollten sich von anderen unterscheiden.
  c ☐ Der Werbeslogan sollte etwas Besonderes sein.

9 Die Frau spricht über ihre Vorbereitungen für eine Präsentation.   [Richtig]   [Falsch]

10 Was hat die Frau konkret vor?
  a ☐ Es soll um ihre Beschäftigung mit dem Museum gehen.
  b ☐ Sie möchte einige große Veranstaltungen des Museums vorstellen.
  c ☐ Sie wird die Geschichte des Museums präsentieren.

Modul Hören

Teil 2

Du hörst im Radio ein Interview mit einer Persönlichkeit aus der Wissenschaft.
Du hörst den Text *zweimal*. Wähle bei jeder Aufgabe die richtige Lösung.
Lies jetzt die Aufgaben 11 bis 16. Dazu hast du 90 Sekunden Zeit.

11 Unter einer Wohngruppe versteht Herr Hansen …
  a ☐ alle zusammenlebenden Gruppen mit Ausnahme der Familie.
  b ☐ auch herkömmliche Formen des Zusammenlebens.
  c ☐ den Zusammenschluss mehrerer Menschen.

12 In den Städten gibt es heute …
  a ☐ einen eindeutigen Wohntrend.
  b ☐ vor allem Menschen, die sich ein Leben als Single wünschen.
  c ☐ wieder viele junge Familien.

13 Junge Familien wohnen heute zunehmend gern in der Stadt, …
  a ☐ obwohl die Infrastruktur auf dem Land heute so gut ist wie in der Stadt.
  b ☐ trotz der doch geringen Angebote für junge Familien.
  c ☐ weil es dort bessere Möglichkeiten der Kinderbetreuung gibt.

14 Bei anderen Wohngruppen als der Familie handelt es sich z. B. um …
  a ☐ Menschen, die sich zuvor gut kannten und mochten.
  b ☐ Personen, die vorher nicht unbedingt miteinander bekannt waren.
  c ☐ vereinzelte Wohnprojekte, für die man viel Geld bezahlen muss.

15 Was sagt Herr Hansen über die Projekte des generationenübergreifenden Wohnens?
  a ☐ Die Menschen in diesen Projekten müssen sich nicht unbedingt mögen.
  b ☐ Diese Projekte sind vor allem für Senioren vorteilhaft.
  c ☐ Man muss die gemeinsamen Ideale der Mitbewohner teilen.

16 Die Städte sollten …
  a ☐ mehr Wohnungen bauen.
  b ☐ weitere kreative Wohnideen entwickeln.
  c ☐ Wohnprojekte finanziell fördern.

Modul Hören

Teil 3

Du hörst im Radio ein Gespräch mit mehreren Personen. Die Personen sprechen über „Taschengeld". Du hörst den Text *einmal*. Wähle bei jeder Aufgabe:
Wer sagt das? Lies jetzt die Aufgaben 17 bis 22. Dazu hast du 60 Sekunden Zeit.

Beispiel:

0 Meine Eltern können sich ein höheres Taschengeld nicht leisten.

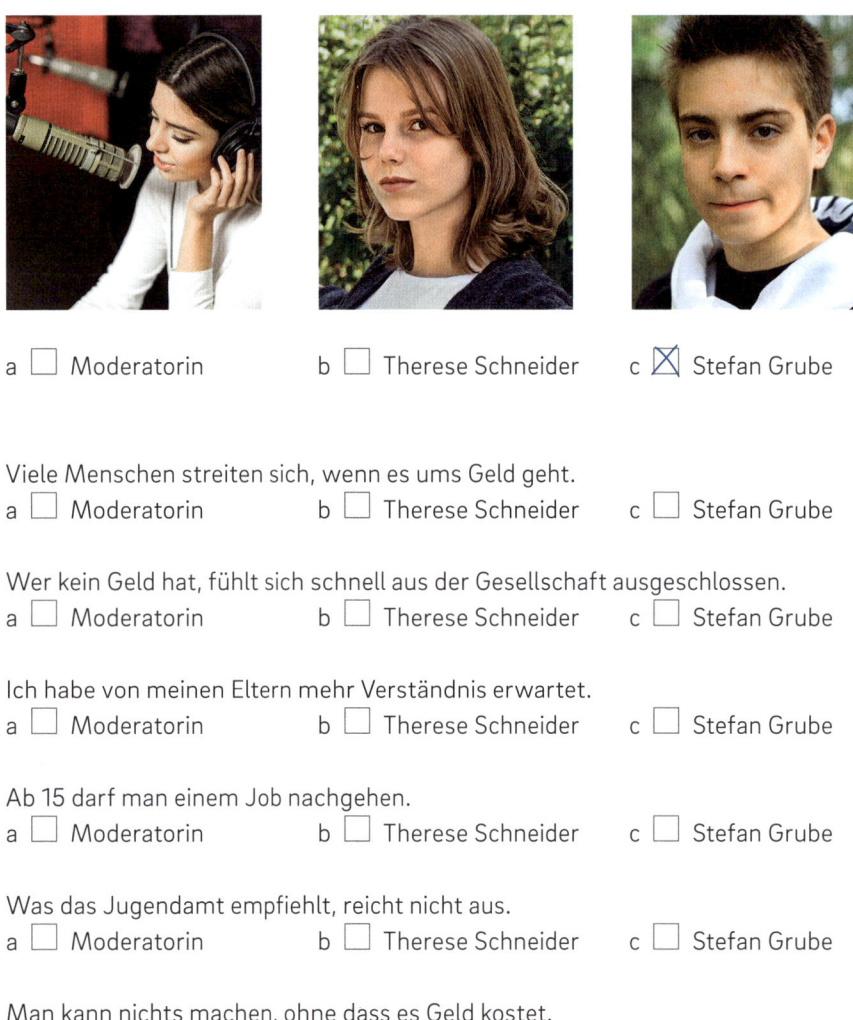

a ☐ Moderatorin b ☐ Therese Schneider c ☒ Stefan Grube

17 Viele Menschen streiten sich, wenn es ums Geld geht.
a ☐ Moderatorin b ☐ Therese Schneider c ☐ Stefan Grube

18 Wer kein Geld hat, fühlt sich schnell aus der Gesellschaft ausgeschlossen.
a ☐ Moderatorin b ☐ Therese Schneider c ☐ Stefan Grube

19 Ich habe von meinen Eltern mehr Verständnis erwartet.
a ☐ Moderatorin b ☐ Therese Schneider c ☐ Stefan Grube

20 Ab 15 darf man einem Job nachgehen.
a ☐ Moderatorin b ☐ Therese Schneider c ☐ Stefan Grube

21 Was das Jugendamt empfiehlt, reicht nicht aus.
a ☐ Moderatorin b ☐ Therese Schneider c ☐ Stefan Grube

22 Man kann nichts machen, ohne dass es Geld kostet.
a ☐ Moderatorin b ☐ Therese Schneider c ☐ Stefan Grube

Teil 4

Du hörst einen kurzen Vortrag. Der Redner spricht über das Thema „Risiken und Chancen des Online-Einkaufs". Du hörst den Text *zweimal*. Wähle bei jeder Aufgabe die richtige Lösung. Lies jetzt die Aufgaben 23 bis 30. Dazu hast du 90 Sekunden Zeit.

23 Wer dringend etwas kaufen muss, …
  a ☐ bestellt die Sachen oft online.
  b ☐ lässt sich im Handel verschiedene Angebote zeigen.
  c ☐ wartet selten wenige Tage auf seine Ware.

24 Das Einkaufen im Internet …
  a ☐ funktioniert auch mit wenig Erfahrung.
  b ☐ ist auch auf dem Weg nach Hause möglich.
  c ☐ ist momentan sehr beliebt.

25 Herr Würzer spricht in seinem Vortrag über …
  a ☐ die Attraktivität des Einkaufens im Internet.
  b ☐ die Seiten, die man lesen muss, bevor man bestellt.
  c ☐ problematische Aspekte des Interneteinkaufs.

26 Nach einem Kauf im Internet haben viele Kunden gemerkt, dass …
  a ☐ das Einkaufen im Internet nicht besser ist.
  b ☐ es keine Beratung gab.
  c ☐ sie sich besser hätten informieren sollen.

27 Viele Menschen bedenken nicht, dass …
  a ☐ einem die bestellte Ware nicht passen könnte.
  b ☐ es auch Zeit kostet, sich im Internet zu informieren.
  c ☐ Rücksendungen der Ware immer Probleme machen.

28 Herr Würzer gibt den Rat, vor dem Kauf zu prüfen, …
  a ☐ ob das Produkt im Fachhandel günstiger ist.
  b ☐ ob man das Produkt wirklich braucht.
  c ☐ welche Freunde bei der Bestellung helfen können.

29 Herr Würzer warnt vor …
  a ☐ Angeboten von teuren Mänteln ab 400 Euro.
  b ☐ dem Kauf von Kleidung über das Internet.
  c ☐ ungewöhnlich günstigen Angeboten im Internet.

30 Herr Würzer fordert, …
  a ☐ Kompetenzen für das Einkaufen im Internet zu erwerben.
  b ☐ sich mehr Zeit für das Online-Shopping zu lassen.
  c ☐ von den Chancen des Online-Angebots zu profitieren.

Antwortbogen Hören

Teil 1			
1	Richtig ☐		Falsch ☐
2	A ☐	B ☐	C ☐
3	Richtig ☐		Falsch ☐
4	A ☐	B ☐	C ☐
5	Richtig ☐		Falsch ☐
6	A ☐	B ☐	C ☐
7	Richtig ☐		Falsch ☐
8	A ☐	B ☐	C ☐
9	Richtig ☐		Falsch ☐
10	A ☐	B ☐	C ☐

Teil 2			
11	A ☐	B ☐	C ☐
12	A ☐	B ☐	C ☐
13	A ☐	B ☐	C ☐
14	A ☐	B ☐	C ☐
15	A ☐	B ☐	C ☐
16	A ☐	B ☐	C ☐

Lösungen 1–16: ☐☐ Punkte

Teil 3			
17	A ☐	B ☐	C ☐
18	A ☐	B ☐	C ☐
19	A ☐	B ☐	C ☐
20	A ☐	B ☐	C ☐
21	A ☐	B ☐	C ☐
22	A ☐	B ☐	C ☐

Teil 4			
23	A ☐	B ☐	C ☐
24	A ☐	B ☐	C ☐
25	A ☐	B ☐	C ☐
26	A ☐	B ☐	C ☐
27	A ☐	B ☐	C ☐
28	A ☐	B ☐	C ☐
29	A ☐	B ☐	C ☐
30	A ☐	B ☐	C ☐

Lösungen 17–30: ☐☐ Punkte

Gesamtergebnis Hören: ☐☐ Punkte

Muster

Modul Schreiben

I Informationen zur Prüfung Goethe-Zertifikat B2 Schreiben

Die **Prüfung Schreiben** besteht aus zwei Teilen und dauert 75 Minuten. Du schreibst zwei Texte: in Teil 1 einen Forumsbeitrag zu einem vorgegebenen Thema mit vier Inhaltspunkten und in Teil 2 eine E-Mail zu einer vorgegebenen Situation mit vier Inhaltpunkten.

Lies jeweils zuerst die Aufgaben und die Inhaltspunkte. Du kannst mit jeder Aufgabe beginnen. Schreib deine Texte auf die Antwortbogen.

Wörterbücher und Mobiltelefone sind nicht erlaubt.

Übersicht über die einzelnen Prüfungsteile

Teil	Textsorten	Aufgaben	Zeit	Ziel
1	Forumsbeitrag	Du schreibst einen Forumsbeitrag zu einem vorgegebenen Thema mit vier Inhaltspunkten. Der Text sollte mindestens 150 Wörter enthalten.	ca. 50 Minuten	Du zeigst, dass du einen zusammenhängenden Text schreiben und die Inhaltspunkte genau bearbeiten kannst. Du zeigst auch, dass du deinem Text eine sinnvolle Einleitung und einen Schluss geben kannst.
2	E-Mail	Du schreibst eine Nachricht zu einer vorgegebenen Situation mit vier Inhaltspunkten. Der Text sollte mindestens 100 Wörter enthalten.	ca. 25 Minuten	Du zeigst, dass du eine zusammenhängende E-Mail mit Anrede und Gruß schreiben kannst, indem du die Inhaltspunkte in eine sinnvolle Reihenfolge bringen und genau bearbeiten kannst.

II Einstieg zum Schreiben

A Einen zusammenhängenden Text schreiben

a Schau dir das Foto an. Was fällt dir spontan dazu
ein? Sammle deine Assoziationen und schreib einen
kurzen Text, wie z. B. einen Erlebnisbericht oder eine
Tagebuchnotiz.
Schau dir dann deinen Text noch einmal an.
Bist du zufrieden? Warum oder warum nicht?

HILFE

Schritt für Schritt
Wenn du einen Text schreibst, ist es wichtig, dass du
die Sätze gut miteinander verbindest. Verwende dazu
geeignete Konnektoren (wie *weil*, *obwohl*, *wenn*), Adverbien
(wie *dort*, *da*), Pronomen (wie *er*, *ihr*) und Pronominal-
adverbien (wie *damit*, *dafür*). So liest sich dein Text flüssig,
was auch in der Prüfung positiv bewertet wird.

b Lies den Text. Versuche dann, die unterstrichenen Teile oder die Stellen
mit _?_ durch die folgenden Wörter zu ersetzen. Achtung: Zwei Wörter passen nicht.

Situation: Du schreibst einen Forumsbeitrag zum Thema *Meine Heimatstadt*.

dort • aber • hier • ihr • wenn • sie • denn • ihren • dorthin • obwohl

Ich möchte euch hier meine Heimatstadt vorstellen. Vielleicht könnt ihr <u>die Stadt</u> (1) auch erraten?
Nun, ich komme aus einer Millionenstadt im Norden Deutschlands. Die Stadt wird auch als Elb-
metropole bezeichnet. – Richtig, <u>der</u> Name <u>der Stadt</u> (2) ist Hamburg. Von Hamburg sagen manche,
dass es die schönste Stadt Deutschlands sein könnte, wenn nur das Wetter nicht wäre, _?_ (3)
im Durchschnitt gibt es <u>in Hamburg</u> (4) pro Monat etwa 10 bis 12 Regentage. Insgesamt ist das
Klima der Hansestadt mit <u>den</u> vielen Kanälen <u>in Hamburg</u> (5) und der durch die Stadt fließenden
Alster also ziemlich feucht. Wer <u>nach Hamburg</u> (6) fahren möchte, sollte sich also gut mit Regen-
schutz ausstatten. Oder den Regen lieben! Die schönste Zeit für Hamburg ist übrigens der Mai,
_?_ (7) der Hafen Geburtstag hat; dann gibt es ein großes Feuerwerk. _?_ (8) natürlich gibt es zu
dieser Zeit auch viele Touristen.

c Vergleiche dann mit dem Lösungsschlüssel.

d Lies den Text. Unterstreiche dann die passenden Teile.

Situation: Du schreibst einen Forumsbeitrag zum Thema *Zum
Studium oder zur Ausbildung in die Großstadt?*

Nach den zahlreichen Einträgen hier im Forum möchte ich nun auch kurz etwas zum Thema
„Zum Studium oder Ausbildung in der Großstadt?" sagen. Also, ich bin auf jeden Fall der
Meinung, *wenn / dass / damit* (1) es sinnvoll ist, nach der Schule zunächst in eine kleine Stadt
zu gehen. *Trotzdem / Weil / Denn dort* (2) ist alles viel weniger anonym und man trifft die Leute,
die / denen / mit denen (3) man neu kennengelernt hat, auch tatsächlich wieder. In einer Großstadt dauert es doch viel länger, *bis / dass / damit* (4) man einen neuen Freundes- und Bekanntenkreis aufgebaut hat! Und wenn man dann tatsächlich mal ein paar Leute gefunden hat, muss
man lange fahren, um *ihren / sie / ihnen* (5) zu treffen. Na ja, und abgesehen davon sind die
Rahmenbedingungen für das Studium oder die Ausbildung in einer Kleinstadt sicher viel besser,
ohne dass / obwohl / da (6) alles nicht so überlaufen ist. Es wollen doch alle in die Großstadt!
Und dort ist es *dann / vorher / nachdem* (7) viel zu voll und man kämpft um die wenigen Plätze
im Wohnheim oder in der Mensa. Ein weiterer Vorteil der Kleinstadt ist meiner Ansicht nach,
bis / dass / wie (8) man nicht so viel Geld auszugeben braucht, um einigermaßen gut zu leben.

e Vergleiche dann mit dem Lösungsschlüssel.

B Inhaltspunkte genau bearbeiten

**a Schau dir das Foto an und sammle deine Assoziationen zum Thema *Gesünder durch Sport*. Formuliere
dann ein paar Meinungen mithilfe der folgenden Ausdrücke.**

> `HILFE`
>
> **Schritt für Schritt**
> Im Modul Schreiben solltest du zuerst den Aufgabentext sehr genau lesen.
> Du bekommst eine kurze Situationsbeschreibung und dann die eigentliche
> Aufgabe, die aus vier Inhaltspunkten besteht.
> Um die Inhaltspunkte genau zu bearbeiten, sammelst du am besten einige
> Ideen zum Thema und zur eigenen Meinung und den dafür notwendigen
> Wortschatz.

Ich finde, dass • Ich bin der Meinung, dass • Meiner Meinung nach

b Ergänze die Mindmap zum Thema *Gesünder durch Sport*.

Modul Schreiben

c Vergleiche dann mit dem Vorschlag im Lösungsschlüssel.

Schritt für Schritt

Wenn du eine eigene Meinung formulierst, kannst du auf Erfahrungen zum Thema zurückgreifen oder auf das, was du dazu bereits gehört oder gelesen hast.

Achte darauf, die Redemittel zu variieren und z. B. für deine Meinung nicht nur *einen* Ausdruck wie z. B. „Ich finde, dass" zu verwenden.

d **Ordne die Redemittel 1–10 in die Tabelle ein.**

1 Ich bin der Meinung, dass …
2 Als Beispiel möchte ich … nennen.
3 Dazu fällt mir … (konkret) ein.
4 Ein Grund dafür ist wahrscheinlich, dass …
5 Vielleicht hat … dazu geführt, dass …

6 Ich halte … für sehr wichtig.
7 Als Ursache kann ich mir … vorstellen.
8 Ich finde wirklich, dass …
9 Zum Beispiel …
10 Also ganz konkret meine ich, …

Die Meinung äußern	Gründe nennen	Beispiele nennen
1,		

e Vergleiche dann mit dem Lösungsschlüssel.

Schritt für Schritt

Forumsbeiträge und E-Mails können informell oder formell geschrieben sein. Den formellen Sprachstil erkennst du an komplexeren Sprachstrukturen wie z. B. Konjunktiv II und festen Verbindungen zwischen Nomen und Verben („Dürfte ich Ihnen eine Frage stellen?" statt „Kann ich Sie etwas fragen?".) Den formellen Sprachstil benutzt man tendenziell in beruflichen Kontexten oder im Kontakt mit staatlichen Institutionen.

f **Lies die folgenden Ausdrücke und Sätze. Welche gehören eher zu einem formellen Stil? Kreuze diese an und begründe.**

1 ☐ Bitte geben Sie mir Bescheid, ob Sie am … kommen können.
2 ☐ Übrigens möchte ich noch hinzufügen, dass …
3 ☐ Dabei ist zu bedenken, dass …
4 ☐ Bei näherer Betrachtung fällt auf, dass …
5 ☐ Um es kurz zu sagen: Ich finde …
6 ☐ Am … wurde mir ein … zur Verfügung gestellt.
7 ☐ Also, ich möchte nun sagen, dass …
8 ☐ Würden Sie mir da zustimmen?
9 ☐ Man könnte zum Beispiel …
10 ☐ Mein Vorschlag wäre, … zu …

g Vergleiche dann mit dem Lösungsschlüssel.

h **Wähle fünf Beispiele aus f aus und formuliere damit eine eigene Meinung zum Thema *Gesünder durch Sport*.**

C Dem Text eine Einleitung und einen Schluss geben

a Welche Ausdrücke kennst du, die man für die Einleitung und für
das Ende von Texten verwenden kann? Sammle ein paar Ideen.

> **HILFE**
>
> **Schritt für Schritt**
>
> Formuliere in deinen Prüfungstexten eine Einleitung und einen Schluss. Die Einleitung hilft dem Leser,
> zu verstehen, um welche Situation oder um welches Thema es sich handelt und welches Ziel
> der Schreibende mit seinem Text verbindet.
>
> Der Schluss hebt bei einem Forumsbeitrag noch einmal die zentrale Meinung des Schreibenden hervor,
> bei einer E-Mail trägt er zu einem freundlichen Ende der Mitteilung bei.

b Bilde aus den einzelnen Teilen Sätze.

1 ich selbst – zu diesem Thema – einige Erfahrungen – da – sammeln konnte,
auch – möchte – ich nun – dazu sagen – etwas

_____

_____

2 haben – bereits – wie – am Telefon – wir – besprochen,
ich – einen ersten Vorschlag – möchte – nun – präsentieren

_____

_____

3 hoffe – ich,
meinen Praktikumswunsch – dass – Sie – entsprechend – berücksichtigen –
können – und – im Voraus – danke – Ihnen

_____

_____

4 die meiner Meinung nach – wichtigsten drei Punkte – ich –
noch einmal – hervorheben – abschließend – möchte

_____

_____

5 sagen – insgesamt – ich – muss,
trotz einiger Einwände – dass – dieser Sache – sehr – doch – positiv – ich – gegenüberstehe

_____

_____

6 wende – wegen – der bevorstehenden Abiturprüfung – an Sie – mit einer dringenden Bitte –
mich – heute – ich

_____

_____

c Handelt es sich bei den Sätzen aus b um einen Einleitungs- oder Schlusssatz?
Notiere die Satznummern aus b.

	Einleitungssätze	Schlusssätze
Forumsbeitrag	☐	☐ ☐
E-Mail	☐ ☐	☐

d Vergleiche deine Lösung mit dem Lösungsschlüssel.

D Die Inhaltspunkte in eine sinnvolle Reihenfolge bringen

Schritt für Schritt

In der Prüfung Schreiben findest du in der Aufgabenstellung vier Inhaltspunkte. Diese Inhaltspunkte geben an, zu welchen Unterthemen du dich genauer äußern musst. Achte deshalb darauf, dass du zu allen vier Punkten etwas schreibst.

a Ordne die Textstellen den einzelnen Inhaltspunkten zu.

Schreibsituation: Du machst ein Praktikum in einer deutschen Firma. Du möchtest nun drei Tage für ein Familienfest freinehmen. Schreib eine Nachricht an deinen Vorgesetzten.

Textstellen

1 Mir ist bewusst, dass ich mein Praktikum eigentlich nicht unterbrechen sollte.
2 Ich habe mir überlegt, dass ich in den restlichen Wochen meines Praktikums einfach täglich ein oder zwei Stunden länger in der Firma bleibe.
3 Meine Großmutter feiert ihren 70. Geburtstag, und da ich ein sehr enges Verhältnis zu ihr habe, möchte ich unbedingt an der Familienfeier teilnehmen.
4 Ich hoffe sehr, dass Sie meine Situation verstehen.

Inhaltspunkte

a Bitte um Verständnis für deine Situation.
b Schreib, warum die Familienfeier so wichtig für dich ist.
c Zeige Verständnis für die Firma.
d Mach einen Vorschlag, wie du die Arbeitszeit nachholen kannst.

b Vergleiche dann mit dem Lösungsschlüssel.

Schritt für Schritt

Gliedere deinen Text in Abschnitte, indem du diese durch eine Leerzeile voneinander
absetzt. So wirkt er übersichtlicher, und der Leser versteht deinen Text schneller und besser.
Jeder Abschnitt sollte dabei ein eigenes, zum Thema passendes Unterthema haben.
Unterthemen kann man mit einem Schlüsselwort oder einer Unterüberschrift benennen.

c Lies die folgende E-Mail. Gib dann den Abschnitten A–D eine kurze Überschrift.

Situation: Du machst ein Praktikum bei einer deutschen Firma und hast dich bereit erklärt, Kundenbesuch am Sonntag durch die Stadt zu führen. Nun musst du leider absagen. Schreib eine
Nachricht an deine Vorgesetzte, Frau Meier.

✉

Sehr geehrte Frau Meier,

A _____

wie Sie wissen, hatte ich mich dazu bereit erklärt, Herrn Nireo und Frau Navazza von der Firma
CICO am kommenden Sonntag durch die Stadt zu führen. Nun muss ich den geplanten Termin
aber leider absagen.

B _____

Meine Großmutter ist schwer erkrankt, und sie muss am Montag ins Krankenhaus. Sie lebt zwei
Straßen von uns entfernt und ist nun darauf angewiesen, dass ich ihr am Sonntag beim Packen
helfe.

C _____

Ich weiß, dass es sich um einen wichtigen Kundenbesuch handelt und dass die Stadtführung
seit Langem angekündigt ist. Sicher haben sich Herr Nireo und Frau Navazza auch schon darauf
gefreut. Ich bedaure die ganze Situation sehr und hoffe auf Ihr Verständnis.

D _____

Ich habe bereits ein kleines Skript für die Stadtführung ausgearbeitet und kann dies gern zur
Verfügung stellen. Der Spaziergang dauert etwa zwei Stunden. Vielleicht besteht die Möglichkeit,
dass eine Kollegin oder ein Kollege für mich einspringt? Darüber wäre ich sehr froh.

Mit freundlichen Grüßen

Anja Holzapfel

---

d Formuliere deine Überschriften aus c so, dass daraus eine Schreibaufgabe (Inhaltspunkte)
wie in der Prüfung wird. Vergleiche mit dem Lösungsschlüssel.

e Überlege: Könnte man die Inhaltspunkte auch in eine andere Reihenfolge bringen?
Schreib den Text neu, indem du mindestens einen Inhaltspunkt an eine andere Stelle
bringst. Was würdest du sprachlich am Text ändern?

f Schau dir dann den Textvorschlag im Lösungsschlüssel an.

III Übungen zum Schreiben

A Einen zusammenhängenden Text schreiben

a **Verbinde die folgenden Sätze, indem du die unterstrichenen Ausdrücke ersetzt.**
Dabei musst du die Sätze manchmal umstellen bzw. umformulieren.
Die Wörter und grammatischen Begriffe in Klammern sollen dabei helfen.

1 Gestern haben wir einen langen Spaziergang am Starnberger See gemacht. Wir haben <u>nach dem Spaziergang</u> noch ein Eis gegessen. (danach – Pronominaladverb)

2 Wir haben am Abend noch lange gefeiert. <u>Aus diesem Grund</u> waren wir am folgenden Tag sehr müde. (denn – Konnektor)

3 An unserer Schule kann man auch außereuropäische Sprachen lernen. Acht Schülerinnen und Schüler nehmen <u>an der Schule</u> gerade an einem Kurs in Chinesisch teil. (hier – Lokaladverb)

4 Die Bergwanderung hat länger gedauert als erwartet. <u>Die Wanderung</u> war wegen der Höhenunterschiede ausgesprochen anstrengend. (die – Relativpronomen)

5 Die Freunde sind wegen der Hitze vorzeitig aus dem Urlaub gekommen. Wir grillen regelmäßig <u>mit ihnen</u> im Garten. (mit denen – Präposition plus Relativpronomen)

6 Die Veranstaltung musste wegen zu geringer Anmeldezahlen abgesagt werden. Das hat uns sehr verärgert, denn wir hatten uns sehr <u>auf die Veranstaltung</u> gefreut. (darauf – Pronominaladverb)

b **Vergleiche dann mit dem Lösungsschlüssel.**

c **In dem folgenden Text sind die fett gedruckten Wörter durcheinandergeraten. Finde für jedes der zehn Wörter die richtige Stelle und korrigiere. Beachte dabei die Groß- und Kleinschreibung.**

Situation: Du schreibst einen Forumsbeitrag zum Thema *Helmpflicht für Radfahrer*.

Wie viele von euch hier möchte ich nun auch etwas zum Thema „Helmpflicht" sagen.
Also, zunächst einmal muss ich sagen, **außerdem** / *dass* _____ (1) ich schon drei Fahrrad-
unfälle hatte. Hätte ich keinen Helm getragen, wäre das jedes Mal schlimm für mich aus-
gegangen! **Wenn** / _____ (2) ist es natürlich klar, dass ich das Tragen eines Helmes
für richtig halte. **Als** / _____ (3) finde ich, dass ein Helm beim Fahren überhaupt
nicht stört. Gut, die Haare werden ein bisschen plattgedrückt, **nachher** / _____ (4)
die kann man doch **also** / _____ (5) waschen.
Daran / _____ (6), was gibt es für Gründe gegen einen Helm?
Das mit der Pflicht ist natürlich so eine Sache. Mir wäre es auch lieber, **aber** / _____ (7)
alle Leute von selbst und durch eigene Einsicht einen Helm tragen würden.
~~**Dass**~~ / _____ (8) ich neulich im Park war, habe ich gehört, wie ein Vater seinem Kind
erklärte, **deshalb** / _____ (9) man einen Helm tragen sollte. Das fand ich echt gut.
Vielleicht wird die nächste Generation ja vernünftiger sein und dann bräuchten wir tatsächlich nicht mehr über eine Helmpflicht zu diskutieren. Bis dahin aber führt wohl kein Weg
warum / _____ (10) vorbei.

d **Vergleiche dann mit dem Lösungsschlüssel.**

e Ergänze die folgenden Wörter und Ausdrücke in der E-Mail. Vier passen nicht.

> wie • obwohl • außerdem • zwar …, aber • oder • und • allerdings •
> ob • welche • sondern • aber • da • um … zu • dass

✉

Sehr geehrte Damen und Herren,

vielen Dank für das freundliche Telefongespräch gestern. Ich habe großes Interesse an dem Job, hätte _____ (1) auch noch ein paar Fragen.

Zunächst würde ich gern wissen, _____ (2) es möglich ist, die Stelle auch ein bisschen später anzutreten. _____ (3) ich momentan im Ausland unterwegs bin _____ (4) erst in drei Wochen nach Deutschland zurückkommen kann, könnte ich die Arbeit frühestens ab dem 20. Mai aufnehmen.

_____ (5) wäre es für mich noch wichtig zu erfahren, _____ (6) Versicherungen Sie für mich abschließen werden.

Und zuletzt möchte ich fragen, _____ (7) man mit öffentlichen Verkehrsmitteln am besten zu Ihnen kommt. _____ nicht bei Regen oder Schnee mit dem Fahrrad fahren _____ (8) müssen, würde ich mir gern eine Monatskarte anschaffen. _____ (9) setzt das natürlich voraus, _____ (10) Sie auch mit dem Bus oder der U- Bahn gut zu erreichen sind.

Ich freue mich auf Ihre Antwort.

Mit freundlichen Grüßen

Marlen Huber

f Vergleiche dann mit dem Lösungsschlüssel.

g Lies den folgenden Forumsbeitrag zum Thema *Kostenloser Nahverkehr* und ordne die Inhaltspunkte den Textabschnitten in h zu.

1 Nenne Möglichkeiten, die Bürger zu informieren: Abschnitt _____
2 Äußere deine Meinung zu einem kostenlosen Nahverkehr: Abschnitt _____
3 Nenne ein Beispiel, wie man dies finanzieren kann: Abschnitt _____
4 Nenne Gründe für deinen Forumsbeitrag zum kostenlosen Nahverkehr: Abschnitt _____

h Ergänze nun passende Konnektoren, Pronomen und Adverbien frei.

Hinweis: Der Verfasser argumentiert <u>für</u> einen kostenlosen Nahverkehr.

A Das Thema „kostenloser Nahverkehr" ist sehr aktuell und das ist auch der Grund,
_____ (1) ich mich hier dazu äußern möchte. Außerdem lebe ich in einer Stadt,
in _____ (2) der Nahverkehr meiner Meinung nach viel zu teuer ist.

B Also, ich bin absolut _____ (3), Busse sowie S- und U-Bahnen innerhalb der
Großstädte kostenlos fahren zu lassen. _____ (4) nur auf diese Weise lässt
sich der immer weiter zunehmende Individualverkehr auch wirklich begrenzen. Autofahren
muss erheblich teurer werden als die Fortbewegung mit öffentlichen Verkehrsmitteln,
_____ (5) bin ich überzeugt. Und das gelingt nur, _____ (6) diese
unentgeltlich fahren.

C Natürlich ist die Finanzierung ein Problem. Hier gibt es aber bereits viele Vorschläge, von
_____ (7) mir diejenigen am besten gefallen, bei denen die Gemeinschaft, also
wir alle, zur Kasse gebeten wird. Weshalb sollte der kostenlose Nahverkehr denn nicht aus
Steuern finanziert werden? Aus Steuergeldern werden ja auch andere wichtige Dinge bezahlt,
auch wenn der einzelne Steuerzahler _____ (8) nicht immer wirklich nutzt.

D Zuletzt möchte ich noch darauf hinweisen, _____ (9) der kostenlose Nahverkehr
auch beworben werden sollte. Ich stelle mir große Plakataktionen vor und vielleicht auch
Werbung im Kino und im Fernsehen. Die Bürger müssen gut informiert sein,
_____ (10) werden sie das Angebot auch sicher nutzen.

B Inhaltspunkte genau bearbeiten

a Ergänze Informationen zu den folgenden Inhaltspunkten zum Thema *Roboter*.

Situation: Du schreibst einen Forumsbeitrag zum Thema
Roboter im Alltag.

- Äußere deine Meinung zum Thema *Roboter im Alltag*.
- Nenne zwei Beispiele für Roboter im Alltag.
- Nenne zwei Vorteile für Roboter im Alltag.
- Nenne zwei Nachteile für Roboter im Alltag.

Beispiele für Roboter:
1. _____
2. _____

Vorteile von Robotern:
1. _____
2. _____

Nachteile von Robotern:
1. _____
2. _____

b Fertige aus deinen Notizen eine Mindmap an und vergleiche mit dem Lösungsschlüssel.

c Schreib die Ausdrücke 1–14 in die Tabelle. Gib den restlichen vier Gruppen
  jeweils eine passende Überschrift.

1 Ein Vorteil ist sicher, dass …

2 Negativ ist sicher, dass …

3 Möglicherweise ist das darauf zurückzuführen, dass …

4 Ich vermute, ein Grund dafür ist, dass …

5 Als Schwierigkeit könnte sich allerdings herausstellen, dass …

6 Positiv ist dazu zu sagen, dass …

7 Ein Nachteil dürfte sein, dass …

8 Ich denke, das ist so, weil …

9 Ich möchte folgenden Alternativvorschlag machen: …

10 Sicher liegt das daran, dass …

11 Weniger gut daran ist, dass …

12 Eine andere Möglichkeit könnte sicher folgende sein: …

13 Allerdings sehe ich da auch Schwierigkeiten.

14 Als Alternative möchte ich anbieten, dass …

Positive Bewertung				
Ein Vorteil ist sicher, dass …				

d Was kann man noch sagen? Ergänze die Tabelle mit Ausdrücken,
  die du kennst und in der Prüfung verwenden willst.

e Schreib nun einen Forumsbeitrag zum Thema *Roboter im Alltag*.
  Nutze dabei deine Ideen und die Ausdrücke aus den Aufgaben a–d.

f Schau dir dann den Vorschlag im Lösungsschlüssel an.

Modul Schreiben

C Dem Text eine Einleitung und einen Schluss geben

a Eine Person hat einen Forumsbeitrag zum Thema *Musik im öffentlichen Raum* geschrieben.
Welcher der beiden Einleitungs- und Schlusssätze passt besser? Kreuze an und begründe.

☐ Ich bin ein Musikfan und kann ohne Musik nicht leben. Deshalb liegt mir das Thema auch besonders am Herzen.

☐ Das Thema interessiert mich, da ich mich oft von lauter Musik gestört fühle.

Ich bin nämlich der Meinung, dass Musik im öffentlichen Raum fast nur Vorteile mit sich bringt.
Als Beispiele möchte ich zunächst Straßenmusiker nennen. Ich finde, dass es davon viel zu wenig gibt. Außerdem fällt mir ein, dass es viele U-Bahn-Stationen gibt, in denen Hintergrundmusik läuft. Meistens handelt es sich dabei um klassische Musik, die ich gern mag. Und drittens sind natürlich die vielen Geschäfte zu nennen, in denen es ohne Musik fast nicht mehr geht. Ich denke zum Beispiel an Bekleidungsgeschäfte oder Friseursalons. Ein positiver Aspekt von Musik ist sicher, dass sie uns in gute Laune versetzt. Das Leben macht dann einfach mehr Spaß. Allerdings steigt mit dem Spaß auch die Kauflaune. Und damit sind wir bei den Nachteilen. Musik kann die Menschen auch manipulieren. Und dann kaufen sie vielleicht etwas, das sie gar nicht kaufen wollen. Ich finde es nicht gut, dass sich die Wirtschaft das zunutze macht.

☐ Insgesamt überwiegen für mich die Vorteile, denn jeder kann lernen, sich etwas zu kontrollieren.

☐ Abschließend möchte ich sagen, dass ich gegen Musik im öffentlichen Raum bin, da sie Einfluss auf die Entscheidungen der Menschen nehmen kann.

b Im Folgenden findest du fünf Einleitungs- (1–5) und fünf Schlusssätze (a–e).
Welche der Sätze gehören zum selben Text? Ordne zu.

Situation: Du schreibst einen Forumsbeitrag zum Thema *Leben auf dem Land*.

1 ☐ Ich wohne seit Langem auf dem Land und möchte mich deshalb in diesem Forum nun zu Wort melden.

2 ☐ Da ich noch nie auf dem Land gelebt habe und mir das auch gar nicht vorstellen kann, hier ein paar Gedanken dazu.

3 ☐ Meine Familie hat vor zwei Wochen beschlossen, aufs Land zu ziehen, und ich möchte mich deshalb an der Diskussion hier beteiligen.

4 ☐ Da ich meine Jugend auf dem Lande verbracht habe und es schrecklich fand, hier nun ein paar Gedanken dazu.

5 ☐ Das Thema dieses Forums interessiert mich, denn ich habe immer in der Großstadt gelebt. Nun muss mein Vater aus beruflichen Gründen aufs Land.

a Abschließend möchte ich sagen, dass ich die Erfahrung, auf dem Land zu leben, nicht vermisse und glücklich über mein jetziges Leben bin.

b Insgesamt bin ich sehr neugierig auf das, was mich erwartet, und freue mich auf die Veränderungen.

c Alles in allem bin ich sehr zufrieden. Und jetzt werde ich mich in unseren Obstgarten zurückziehen und ein bisschen arbeiten.

d Ihr seht also, meine Gefühle gehen hin und her. Aber alles wird gut, ich konnte mich bisher immer ganz gut auf Neues einstellen.

e Zum Schluss möchte ich noch einmal betonen, dass es sich um meine sehr subjektive Sicht handelt. Schließlich muss jeder selbst wissen, wo er am liebsten wohnt.

D Die Inhaltspunkte in eine sinnvolle Reihenfolge bringen

a Bringe die Textteile in eine sinnvolle Reihenfolge.

Situation: Du nimmst an einem Fotokurs teil und bist für ein Referat eingeteilt. Nun musst du den Termin leider verschieben und schreibst eine Nachricht an den Kursleiter.

✉

Sehr geehrter Herr Thomas,

☐ Leider ist es so, dass ich mit unserem Hund Benny dringend zum Tierarzt gehen muss.

☐ Die Terminplanung ist für Sie nicht immer ganz einfach und Sie müssen sich auf unsere Zusagen verlassen.

☐ Es tut mir sehr leid, dass ich Ihnen Schwierigkeiten verursache, und ich bitte Sie um Verständnis.

☐ Ich wende mich heute mit einer dringenden Bitte an Sie.

☐ Sie hatten zweimal nachgefragt, ob der Termin für mich passt.

☐ Ist es möglich, dass ich das geplante Referat nicht am kommenden Dienstag, sondern erst eine Woche später halte?

☐ Der Arzttermin lässt sich leider nicht verschieben.

Mit den besten Grüßen

Sofie Elaine

---

b Vergleiche dann mit dem Vorschlag im Lösungsschlüssel.

c Die einzelnen Abschnitte in a sind nicht gut miteinander verbunden.
Überarbeite die Abschnitte, sodass ein zusammenhängender Text
entsteht. Vergleiche dann mit dem Vorschlag im Lösungsschlüssel.

d Formuliere nun die Inhaltspunkte für diese Schreibaufgabe
und vergleiche mit dem Vorschlag im Lösungsschlüssel.

IV Training zur Prüfung Schreiben

| Teil 1 | vorgeschlagene Arbeitszeit: ⏱ 50 Minuten |

HILFE

In Teil IV ist jeder Prüfungsteil doppelt, d. h. du kannst jeden Prüfungsteil zweimal üben.

TIPP

Das Foto bei der Aufgabe illustriert das Thema.
Es zeigt aber meistens nur einen Aspekt.
Achte darauf, dass du die vier Inhaltspunkte bearbeitest
und nicht nur zu dem Foto etwas schreibst.

Du schreibst einen Forumsbeitrag zum Thema *Einkaufen in Fachgeschäften*.
- Äußere deine Meinung zum Thema *Fachgeschäfte*.
- Nenne mindestens einen Grund für das Sterben von Fachgeschäften.
- Nenne Vorteile für den Einkauf in Fachgeschäften.
- Nenne Nachteile für den Einkauf in Fachgeschäften.

Denke an eine Einleitung und an einen Schluss. Bei der Bewertung wird darauf geachtet,
wie genau die Inhaltspunkte bearbeitet sind, wie korrekt der Text ist und wie gut die Sätze
und Abschnitte sprachlich miteinander verknüpft sind. Schreib mindestens **150** Wörter.

TIPP

Markiere in der Aufgabenstellung alle wichtigen Schlüsselwörter. So übersiehst du keinen Aspekt.
Teile dir deine Zeit so ein, dass du am Ende noch Zeit für eine Selbstkorrektur hast. Erstelle eine Liste
mit deinen „Lieblingsfehlern" und achte bei der Selbstkorrektur besonders auf diese Fehler. Im Lösungsschlüssel findest du eine Beispielliste mit typischen Fehlern. Du kannst aber auch deine Lehrerin /
deinen Lehrer fragen, welche Fehler gern gemacht werden.

| Teil 2 | vorgeschlagene Arbeitszeit: ⏱ 25 Minuten |

Im Rahmen eines Ferienjobs hast du deiner Chefin versprochen, am kommenden Sonntag für sie auf
eine Messe zu gehen. Nun stellst du fest, dass du für diesen Tag bereits verplant bist, und schreibst
ihr eine Nachricht.

Schildere deine Situation.

Zeige Verständnis für die Situation deiner Chefin.

Bitte um Verständnis für deine Situation.

Mach einen Alternativvorschlag.

Überlege dir eine passende Reihenfolge für die Inhaltspunkte. Bei der Bewertung wird darauf
geachtet, wie genau die Inhaltspunkte bearbeitet sind, wie korrekt der Text ist und wie gut die
Sätze und Abschnitte miteinander verknüpft sind. Vergiss nicht Anrede und Gruß.
Schreib mindestens **100** Wörter.

Modul Schreiben

Teil 1

vorgeschlagene Arbeitszeit: ⏱ 50 Minuten

Du schreibst einen Forumsbeitrag zum Thema *Fremdsprachenunterricht an Schulen*.

• Äußere deine Meinung zur Pflicht einer zweiten Fremdsprache an Schulen.
• Nenne Gründe für das Erlernen einer oder mehrerer Fremdsprachen.
• Nenne Vorteile eines Erwerbs mehrerer Fremdsprachen.
• Nenne Schwierigkeiten, die mit einer zweiten Fremdsprache als Pflicht verbunden sind.

Denke an eine Einleitung und an einen Schluss. Bei der Bewertung wird darauf geachtet, wie genau die Inhaltspunkte bearbeitet sind, wie korrekt der Text ist und wie gut die Sätze und Abschnitte sprachlich miteinander verknüpft sind. Schreib mindestens **150** Wörter.

> **TIPP**
>
> Du hast nun schon einige Texte geschrieben und dabei sicher herausgefunden, welche Ausdrücke du besonders oft und gern benutzt. Präge dir diese Ausdrücke ein!
>
> Wenn du noch nicht so viele Ausdrücke kennst und benutzt hast, wähle einige passende Ausdrücke als deine persönlichen Favoriten aus. Versuche, diese bei der nächsten Schreibaufgabe dann zu benutzen.

Teil 2

vorgeschlagene Arbeitszeit: ⏱ 25 Minuten

Du machst ein Praktikum bei einem kleinen Theater und sollst in der Pause das Programmheft verkaufen. Nun musst du wegen Zeitmangels absagen und schreibst eine Nachricht an den Leiter des Theaters.

> Entschuldige dich.

> Zeige Verständnis für die Situation des Theaters.

> Bitte um Verständnis für deine Situation.

> Mach einen Alternativvorschlag.

Überlege dir eine passende Reihenfolge für die Inhaltspunkte. Bei der Bewertung wird darauf geachtet, wie genau die Inhaltspunkte bearbeitet sind, wie korrekt der Text ist und wie gut die Sätze und Abschnitte miteinander verknüpft sind. Vergiss nicht Anrede und Gruß.
Schreib mindestens **100** Wörter.

> **TIPP**
>
> Lerne ein paar Redemittel und einige Einleitungs- und Schlusssätze auswendig.

V Simulation: Goethe-Zertifikat B2 Schreiben

Schreiben

Zeit: 75 Minuten

Das Modul *Schreiben* hat zwei Teile.

In **Teil 1**
schreibst du einen Forumsbeitrag.

In **Teil 2**
schreibst du eine Nachricht.

Du kannst mit jeder Aufgabe
beginnen. Schreib deine Texte
auf die **Antwortbogen**.

Bitte schreib deutlich und verwende
keinen Bleistift.

Wörterbücher und Mobiltelefone
sind nicht erlaubt.

Modul Schreiben

Teil 1 vorgeschlagene Arbeitszeit: ⏲ 50 Minuten

Du schreibst einen Forumsbeitrag zum Thema *Elektroroller*.

- Äußere deine Meinung zu Elektrorollern als Fortbewegungsmittel in der Stadt.
- Nenne Gründe für die Nutzung von Elektrorollern.
- Nenne Vorteile von Elektrorollern für junge Menschen.
- Nenne Schwierigkeiten, die mit der Nutzung von Elektrorollern im Stadtverkehr verbunden sind.

Denke an eine Einleitung und einen Schluss. Bei der Bewertung wird darauf geachtet, wie genau die Inhaltspunkte bearbeitet sind, wie korrekt der Text ist und wie gut die Sätze und Abschnitte sprachlich miteinander verknüpft sind. Schreib mindestens **150** Wörter.

Teil 2 vorgeschlagene Arbeitszeit: ⏲ 25 Minuten

Deine Schule veranstaltet einen Tag der offenen Tür, und du hast zugesagt, bei den Vorbereitungen zu helfen. Nun stellst du fest, dass es bei der Terminabsprache ein Missverständnis gegeben hat. An dem betreffenden Tag hast du leider keine Zeit. Du schreibst an den Schulleiter.

Zeige Verständnis für die Situation des Schulleiters.

Kläre das Missverständnis auf.

Mach einen Vorschlag, wie du anderweitig mithelfen könntest.

Schildere deine Situation.

Überlege dir eine passende Reihenfolge für die Inhaltspunkte. Bei der Bewertung wird darauf geachtet, wie genau die Inhaltspunkte bearbeitet sind, wie korrekt der Text ist und wie gut die Sätze und Abschnitte sprachlich miteinander verknüpft sind. Vergiss nicht Anrede und Gruß. Schreib mindestens **100** Wörter.

Modul Sprechen

I Informationen zur Prüfung Goethe-Zertifikat B2 Sprechen

Die **Prüfung Sprechen** hat zwei Teile und dauert circa 15 Minuten.

Vorbereitung:
Die Teilnehmenden bekommen die Aufgabenblätter und haben 15 Minuten Zeit, sich auf die Prüfung vorzubereiten. Du hast die Möglichkeit, Notizen zu machen, sollst in der Prüfung aber frei sprechen.

Am Anfang stellt sich die/der Prüfende vor und fragt die Teilnehmenden kurz nach ihren Namen. Es empfiehlt sich, nicht nur zu sagen, wie man heißt, sondern auch, woher man kommt und was man (beruflich) in Deutschland macht. Die Aussagen werden nicht bewertet.

Die Prüfung Sprechen ist eine Paarprüfung, d. h. es gibt zwei Teilnehmende. Falls es nur eine(n) Teilnehmende(n) gibt, übernimmt ein(e) Prüfende(r) die Rolle des/der zweiten Teilnehmende(n).

Übersicht über die einzelnen Prüfungsteile

Teil	Texttyp	Aufgaben	Zeit	Ziel
1	Vortrag	Du hältst einen kurzen Vortrag über ein Thema, das du aus zwei vorgegebenen Themen ausgewählt hast. Dein/e Gesprächspartner/in stellt im Anschluss Fragen zu deinem Vortrag. Der/Die Prüfende kann ebenfalls Fragen stellen.	4 Minuten (für eine Person)	Du zeigst, dass du einen strukturierten Vortrag mit Einleitung, Hauptteil und Schluss halten und auf Nachfragen angemessen antworten kannst. Du zeigst, dass du einem Vortrag inhaltlich folgen kannst, indem du weiterführende Fragen stellst.
2	Diskussion	Du diskutierst über ein vorgegebenes Thema anhand vorgegebener Stichpunkte, die du in der Diskussion neben eigenen Stichpunkten verwenden kannst. Du tauschst mit deiner Partnerin / deinem Partner Meinungen aus, ihr reagiert gegenseitig auf Argumente, und fasst am Ende die Ergebnisse des Gesprächs zusammen. Ihr müsst euch am Ende nicht auf eine bestimmte Meinung einigen.	5 Minuten (für zwei Personen)	Du zeigst, dass du in einer längeren Diskussion zielführend Argumente, Vorschläge und Nachfragen im passenden Register vorbringen und auf die Beiträge deiner Partnerin / deines Partners angemessen reagieren kannst.

II Einstieg zum Sprechen

A Eine Diskussion beginnen

Lies die Texte A–C. Du bist damit nicht einverstanden. Äußere jeweils eine andere Meinung. Du kannst die angegebenen Ausdrücke und Argumente verwenden.

TIPP
Mach Notizen, aber sprich danach frei.

A
Ich finde es gut, dass wir in Deutschland lange Semesterferien haben. Das gibt mir Zeit, andere Regionen und Länder richtig kennenzulernen. Im Beruf hat man nicht mehr so viel Zeit, gesetzlich vorgeschrieben sind 24 Urlaubstage pro Jahr. Immerhin ist das viel mehr als in anderen Ländern wie den USA oder Japan. Kein Wunder, dass aus solchen Ländern Touristengruppen kommen und täglich die Betten wechseln: Gestern Paris, heute Berlin und morgen Rom oder Athen!

für mich ist in Bezug auf Urlaub wichtig, dass • im Vordergrund sollte … stehen • natürlich wäre es schön, auch mal …, aber … • … kommt für mich nicht infrage, weil … • auf keinen Fall ist es gut für die Firmen, wenn … • durch geführte Reisen mehr Informationen über ein Land bekommen • einen unkomplizierten Urlaub verbringen • sich nach einer Woche langweilen • schnell wieder zu Hause sein • in kurzer Zeit viel sehen • Firmen sollten selbst bestimmen, wie viel Urlaub …

B
Elegante Kleidung ist ganz allgemein sehr wichtig. Dabei geht es um die Pflege eines individuellen Stils, der die eigene Persönlichkeit unterstreicht. Das gibt einem nicht nur ein besseres Gefühl; auch beruflich wird man anders wahrgenommen. Nachgewiesenermaßen erfährt man so mehr Respekt und Anerkennung.

es kommt immer darauf an, was man … • wenn man der Einzige ist, der … • ich möchte vor allen Dingen, dass … • ich glaube, das hat jeder schon mal erlebt • wenn die Freunde und Kollegen … • ich möchte auf keinen Fall … • das steht nicht jedem wirklich gut • das ist auch eine Frage des Geldes • ich will mich nicht hinter der Kleidung verstecken … • keinen Beruf ergreifen, in dem man sich nicht kleiden darf, wie man will …

C

Seitdem ich einen Kochkurs für japanisches Essen gemacht habe, nutze ich jede Gelegenheit, für meine Familie zu kochen. Nicht nur weil mir das schmeckt; ich finde, man sollte auch anderen Esskulturen offen gegenüberstehen. In vielen Städten gibt es Essen aus der ganzen Welt zu entdecken. Kulturelle Vielfalt spiegelt sich gerade auch darin. Und bei Reisen ins Ausland ist die dortige Speisekarte einfach Pflicht.

niemand sollte einem beim Essen Vorschriften machen, weil ... • je einfacher das Essen ist, desto besser ... • ausländische Gerichte nachkochen, das ist doch nicht ... • ich koche zwar auch gern, aber ... • Allergien gegen bestimmte Lebensmittel • ausländische Restaurants in Deutschland nicht immer authentisch • Qualität wichtiger als eine bestimmte Landesküche ... • niemandem ein bestimmtes Essen aufzwingen • ...

B Die Meinung sagen – eine Meinung teilen oder ablehnen

HILFE

Schritt für Schritt
Bei der folgenden Übung geht es darum, dass du möglichst flüssig eine Meinung vertrittst. Es ist nicht wichtig, ob diese Äußerungen das ausdrücken, was du tatsächlich denkst.

Du liest 6 Meinungsäußerungen. Du sollst zustimmen oder ablehnen. Begründe, warum du dafür oder dagegen bist. Du kannst die folgenden Ausdrücke verwenden.

ich bin auch / nicht dieser Meinung • vielleicht sollte man lieber ... • das geht wohl leider nicht, weil ... • das ist sinnvoll / sinnlos • das sollte man verbieten / erlauben • es ist sicher besser, wenn ... • ich finde es richtig / falsch, dass ... • meiner Meinung nach kann jeder ...

TIPP

Sprich die Antworten zuerst, danach schreibst du.

Beispiel:
0 Du bist nicht einverstanden.

> Tote Tiere essen, das ist einfach schrecklich!
> Alle Menschen sollten vegan leben!

> *Natürlich kann jeder Mensch selbst bestimmen, was er essen will. Wenn jemand kein Fleisch essen mag, ist das völlig in Ordnung. Aber ich bin der Meinung, dass unser Körper sowohl Proteine als auch Kohlehydrate braucht. Wir sollten Obst und Gemüse essen, aber auch Eier und Käse – und manchmal auch Fleisch!*

1 Du bist einverstanden.

> Wenn wir wirklich wollen, dass die Luft in den Städten sauberer wird, dann muss der private Autoverkehr im Stadtzentrum verboten werden.

2 Du bist nicht einverstanden.

> Warum sollen kleine Kinder in den Kindergarten gehen? Bis sie in die Schule müssen, sind Kinder in der Familie am besten aufgehoben!

3 Du bist nicht einverstanden.

> Ein Kind braucht kein teures Smartphone. Ein einfaches Handy genügt völlig.

4 Du bist einverstanden.

> Wenn ich sehe, dass große Hunde mitten in der Stadt in kleinen Wohnungen leben müssen, dann möchte ich am liebsten den Tierschutz anrufen.

5 Du bist nicht einverstanden.

> Das Grillen im Park sollte verboten werden. Nach jedem Wochenende sehen die Parks aus wie Müllplätze!

6 Du bist einverstanden.

> Der öffentliche Verkehr in den großen Städten muss kostenlos sein!

Modul Sprechen

C Über Erfahrungen sprechen

1 In welcher Lebenssituation könnten die Personen A–D gerade sein?
  Wie denken sie in ihrer Situation möglicherweise über das Heiraten?

A

B

C

D

TIPP
Mach Notizen zu den Bildern. Sprich danach frei.

Person A
So eine Hochzeit ist schön, aber ... Als Schauspielerin ist es nicht einfach, ...
_____

Person B
_____
_____

Person C
_____
_____

Person D
_____
_____

2 Erfinde einen Erfahrungsbericht anhand der Stichpunkte. Mach zu jedem Punkt kurze Notizen.
Erzähle danach frei, ohne zu lesen.

vor zwei Jahren erstes Mal in
Moskau – Reisevorbereitung –
Unterkunft?

_____
_____
_____

Fahrkartenautomat am Flughafen
in Moskau – Sprache

_____
_____

Hilfe – Bargeld

_____
_____
_____

U-Bahn: Stadtzentrum – Foto von
einem Hotel – Informationen?

_____
_____

U-Bahn-Station richtig? – weiter
zum Hotel – Aktivitäten am
nächsten Tag

_____
_____

3 Berichte von einer Reise. Du kannst die folgenden Ideen und Ausdrücke verwenden.

TIPP
Mach Notizen, danach erzählst du frei, ohne abzulesen.

Wann?   vor ein paar Jahren • im letzten Sommer • in meinem Urlaub • …

Mit wem?   mit meinen Eltern • mit Freunden • mit einer Reisegruppe • …

Was?   Städtereise • Abenteuerreise • Badeurlaub • Sprachferien • Studienreise • …

Womit?   Zug • Bus • Auto • Flugzeug • Fahrrad • Schiff • …

Vorbereitungen   Flug/Hotel buchen • Fahrkarte kaufen • Platz reservieren • Auto volltanken • …

Unterkunft   Hotel • bei Freunden/Verwandten • Jugendherberge • Hostel • Campingplatz • …

Bewertung   hat mir gut gefallen • war wunderschön • fand ich etwas langweilig • hat Spaß
                 gemacht • das Schönste war • am besten hat mir gefallen, dass • ich erinnere
                 mich gern an • fand ich nicht so gut • war total schrecklich

Modul Sprechen

D   Eine Diskussion beenden

1 Was kannst du mit den Sätzen a–h ausdrücken? Kreuze A oder B an.

A Du bist bereit, die Meinung deiner Partnerin / deines Partners zu teilen.
B Du möchtest, dass deine Partnerin / dein Partner dir zustimmt.

	A	B
a Ich schlage vor, dass du dir meine Argumente noch einmal genau anschaust.	☐	☒
b In manchen Punkten hast du recht, aber am wichtigsten ist doch, dass …	☐	☐
c Ich bleibe bei meiner Meinung.	☐	☐
d Das finde ich sehr überzeugend. Du meinst also, dass …	☐	☐
e Ich verstehe deine Argumente, aber ich meine trotzdem, dass …	☐	☐
f Eigentlich bin ich nicht ganz deiner Meinung, aber vielleicht ist es so, wie du sagst.	☐	☐
g Ja, das klingt ziemlich vernünftig. Allerdings hast du vergessen, dass …	☐	☐
h Ich sehe die Sache genauso, das ist wohl richtig.	☐	☐

TIPP

Ihr müsst am Ende der Diskussion das Ergebnis zusammenfassen.
Ihr müsst aber nicht einer Meinung sein.

2 Mit welchen Sätzen kann man eine Diskussion zusammenfassen? Kreuze an.

a ☐ Wir hatten am Anfang ganz verschiedene Meinungen.
b ☐ Ich finde nicht, dass du recht hast.
c ☐ Am Ende haben wir uns darauf geeinigt, dass …
d ☐ Vor allem solltest du bedenken, dass …
e ☐ Solche Argumente können mich nicht überzeugen.
f ☐ Wir denken beide, dass …
g ☐ Als Resultat der Diskussion hat sich gezeigt, dass …
h ☐ Wir konnten uns nicht ganz einigen, aber wir denken, dass …
i ☐ Wir konnten uns nicht einigen und fassen unsere Positionen noch einmal zusammen: …

Modul Sprechen

III Übungen zum Sprechen

A Einen Vortrag halten

Schritt für Schritt

Wenn du einen Vortrag vorbereitest, denke daran, dass du am Anfang das Thema nennst und am Ende die Zuhörerinnen und Zuhörer aufforderst, Fragen zu stellen.

Im Hauptteil des Vortrags sollst du verschiedene Aspekte eines Themas beschreiben und die Vor- und Nachteile bewerten. Es soll auch deutlich werden, welchen Aspekt du für besonders wichtig oder interessant hältst.

1 Eine Präsentation vorbereiten
Wann sagst du das? Ergänze den jeweiligen Buchstaben.

A Am Anfang
B Wenn du mit einem neuen Textabschnitt beginnst.
C Am Ende

a Ich komme jetzt zu einem anderen Punkt. __B__
b Ich danke für Ihre/eure Aufmerksamkeit. ☐
c Ich möchte über dieses Thema sprechen: … ☐
d Der folgende Punkt erscheint mir besonders interessant. ☐
e Damit komme ich zum Ende meines Vortrags. ☐
f Ich werde zuerst verschiedene Möglichkeiten zeigen, dann spreche ich über die Vor- und Nachteile. ☐
g Vielleicht möchte jemand noch eine Frage stellen? ☐
h Ich möchte als Nächstes über … sprechen. ☐

Schritt für Schritt

Strukturiere deinen Vortrag:

Nachdem du das Thema genannt und eingeleitet hast, kommst du zum Hauptteil.

Beschreibe dort mehrere Aspekte des Themas kurz und einen Aspekt genauer. Hier kannst du deine eigenen Erfahrungen schildern oder über die Situation in deinem Heimatland berichten.

Danach sprichst du über Vor- und Nachteile. Dazu gibst du Beispiele. An dieser Stelle machst du auch deine Meinung deutlich.

Am Ende forderst du die Zuhörer auf, Fragen zu stellen.

2 Den Hauptteil eines Vortrags strukturieren
Lies die Aufgaben und Beispiele zu den drei folgenden Themen und ergänze eigene Stichpunkte.
Du kannst die angegebenen Argumente verwenden.

Mach zu jedem Punkt Notizen.
Sprich danach frei, ohne zu lesen.

Thema 1: Einkaufen im Internet

mögliche Argumente

> keine Möglichkeit, etwas aus- oder anzuprobieren • Paketdienste mit Billiglöhnen • preisgünstige Angebote • kostenlos zurückschicken • in der Stadt einkaufen: Spaßfaktor • soziale Bindung beim Einkauf mit Freunden • Transportlogistik • Geschäftesterben • …

Aufgaben	*Beispiele*
a Beschreibe mehrere Möglichkeiten.	*Wie sieht das Warenangebot im Internet aus?* Einkaufen im Internet heute selbstverständlich viele verschiedene Angebote
b Beschreibe eine Möglichkeit genauer.	*Erzähle genauer von einem Internetkauf, den du selbst erlebt hast oder den deine Freunde erlebt haben.* Elektronikartikel – unterschiedliche Preise, ändern sich oft eigener Smartphonekauf Vergleich Elektronikmarkt – Internet …
c Sprich über die Vor- und Nachteile beim Internet-Einkauf und bewerte diese.	*Sage deine Meinung und nenne positive und negative Aspekte.* große Warenverfügbarkeit in Fachhandel und großen Warenhäusern nicht alles verfügbar kleine Geschäfte sterben Transportdienste bezahlen Mitarbeiter schlecht

Thema 2: Eine Idee: Der Europäische Freiwilligendienst

mögliche Argumente

> Angebot für alle jungen Europäer nach der Schulzeit • sinnvolle Tätigkeit in gemeinnützigen Institutionen • wenig verdienen • vielleicht schlechte Wohnmöglichkeiten • andere Lebensgewohnheiten kennenlernen • Sprachprobleme • Zeit zum Lernen oder Reisen • schwierige Organisation • finanzielle Schwierigkeiten

a Beschreibe mehrere Bereiche.

b Beschreibe einen Bereich genauer.

c Nenne Vor- und Nachteile und bewerte diese.

Thema 3: Frühes Fremdsprachenlernen

mögliche Argumente

> in vielen Ländern mehrere Sprachen • mit acht bis zehn Jahren frühe Lernphase abgeschlossen, danach Sprachenlernen schwerer • Überforderung der kleinen Kinder • das Gehirn schafft mehrere Sprachen • zum Lernen ist Schule da, nicht Kindergarten • Landessprache und Muttersprache • mehrsprachige Familien • Mehrsprachigkeit fördert Gehirnaufbau • Mehrsprachigkeit: keine Sprache richtig können • …

a Beschreibe verschiedene Aspekte des Themas.
b Beschreibe einen Aspekt genauer.
c Nenne Vor- und Nachteile und bewerte diese.

3 Fragen nach dem Vortrag stellen
Beantworte die folgenden Fragen zu den Themen aus Aufgabe 2.
Mach Notizen und sprich.

> **HILFE**
>
> **Schritt für Schritt**
> Nach dem Vortrag stellt deine Partnerin / dein Partner Fragen.
> Du antwortest und ergänzt deinen Vortrag.
> Durch die Fragen und deine Antworten soll sich ein kurzes Gespräch entwickeln.

Thema 1: Einkaufen im Internet

Frage deiner Partnerin / deines Partners   *deine Antwort*

> Du hast gesagt, dass du lieber im Geschäft einkaufst. Glaubst du nicht, dass viele Artikel im Internet billiger sind?

Preise im Internet unterschiedlich
_____
_____
_____

> Es ist natürlich richtig, dass durch den Internet-Handel immer mehr Geschäfte schließen müssen. Siehst du denn eine Möglichkeit, wie man das ändern könnte?

besserer Service der Geschäfte
_____
_____
_____

> Würdest du zum Beispiel eine neue Haustür lieber im Baumarkt kaufen oder im Internet bestellen?

kommt auf Lieferbedingungen an
_____
_____
_____

Thema 2: Eine Idee: Der Europäische Freiwilligendienst

Du hast gesagt, dass an einem Europäischen Freiwilligendienst alle jungen Europäer teilnehmen könnten. Aber wäre es nicht schwierig, einen echten Austausch zu organisieren? Ich könnte mir vorstellen, dass es dann viele Anfragen für Großbritannien, Deutschland oder Spanien gibt. Aber wollen wirklich viele junge Europäer für so lange Zeit nach Bulgarien oder Malta?

Du hast gesagt, dass man sich auf den Europäischen Freiwilligendienst vorbereiten sollte. Meinst du damit, dass man die Sprache lernen soll? Oder sollte man möglichst viel über das Land und die Lebensgewohnheiten recherchieren? Wie stellst du dir diese Vorbereitung vor?

Könnte dieser Europäische Freiwilligendienst nicht etwas kürzer sein? Ein halbes Jahr ist ziemlich lang, vor allem, wenn man es vielleicht nicht so gut getroffen hat. Und gibt es eine Möglichkeit zu wechseln, wenn man sich in einem Land oder bei einer Institution nicht wohlfühlt?

Thema 3: Frühes Fremdsprachenlernen

Du hast gesagt, dass mehrsprachige Kinder flexibler sind und bessere Chancen haben. Kannst du dafür ein Beispiel nennen?

Was passiert, wenn ein kleines Kind eine Fremdsprache gelernt hat und dann ziehen die Eltern um, sie kehren z. B. in ihr Heimatland zurück. Was meinst du?

Meine Nachbarin kommt aus Japan. Sie möchte gern, dass ihr kleiner Sohn Japanisch mit ihr spricht, aber das will er nicht. Er versteht sie wohl, aber er antwortet immer auf Deutsch. Hast du dafür eine Erklärung?

B Diskussion

Schritt für Schritt

Wenn du mit deiner Partnerin / deinem Partner diskutierst, sollst du vor allem zeigen, dass du das Gespräch weiterbringen kannst. Hör gut zu, wenn deine Partnerin / dein Partner spricht, und antworte immer direkt auf das, was sie/er gesagt hat. Versuche danach, das Gespräch weiter voranzubringen.

1 Freundlich widersprechen

a Was will der Sprecher erreichen? Schreib die unterstrichenen Wörter in die Tabelle. Es gibt mehrere Lösungen.

1 Ich wollte <u>eigentlich</u> sagen, dass …
2 Ich bin <u>nicht ganz</u> mit dir einverstanden.
3 <u>Auf jeden Fall</u> ist es doch so, dass …
4 Der Grund ist <u>wahrscheinlich</u> …
5 Ich kann das <u>an einem Beispiel</u> zeigen.
6 Ich denke <u>wirklich</u>, dass …
7 Man könnte <u>vielleicht</u> sagen, dass …
8 <u>In erster Linie</u> geht es mir darum, …
9 Das ist <u>absolut</u> notwendig.

ein Argument verstärken	ein Argument abschwächen	etwas erklären
auf jeden Fall		

b Widersprich deiner Partnerin / deinem Partner höflich. Du kannst die folgenden Ausdrücke verwenden.

Das überzeugt mich nicht ganz. • Man sollte vielleicht auch bedenken, dass … • Meiner Meinung nach … • Ja, einerseits hast du recht, aber andererseits … • Man müsste auch berücksichtigen, dass… • Ich würde gern noch einen anderen Punkt ansprechen … • Das sehe ich etwas anders: … • …

Sprich die Antworten zuerst, danach schreibst du.

Modul Sprechen

Beispiel: Luftverschmutzung in Städten

◆ Ich finde, im Stadtzentrum dürfen überhaupt keine Privatautos fahren. Die Luft, die wir in der Stadt atmen müssen, wird jedes Jahr schmutziger.

○ Ja, das stimmt natürlich, die Luft in den Städten ist wirklich ungesund. Aber ich glaube, das liegt vor allem an den vielen Häusern, die mit Öl oder Kohle geheizt werden.

1 *Einkaufstaschen aus Papier oder Plastik*

◆ Bei uns im Supermarkt gibt es jetzt nur noch Papiertüten. Das ist doch Unsinn!
Die Papiertüten sind sofort kaputt, Plastiktüten kann man öfter benutzen.

○ …

2 *Energieträger*

◆ Atomkraft ist die billigste und sauberste Energie, die es auf der Welt gibt. Alles andere, Erdgas, Kohle, Bioenergie, Wind oder Sonne, ist teuer und schädlich für die Umwelt.

○ …

3 *Einkaufszentrum oder Einzelhändler*

◆ Am Stadtrand gibt es jetzt ein riesengroßes, tolles Einkaufszentrum. Da findet man alles und wir müssen nicht mehr zum Bäcker, zum Metzger, zum Gemüsemarkt usw.

○ …

4 *Einkaufen im Internet*

◆ Ich wohne auf dem Land, da gibt es nur einen kleinen Supermarkt und eine Drogerie. Deshalb kaufen wir alles im Internet, auch Lebensmittel, das klappt prima.

○ …

5 *Alleine lernen oder in einer Gruppe*

◆ Am besten kann man lernen, wenn man ganz allein ist. Die Idee, in einer Gruppe zu lernen, finde ich ganz falsch.

○ …

6 *Lärm durch Kinder*

◆ Der Kinderspielplatz in unserer Wohnanlage ist furchtbar! Die Kinder sind so laut, sie schreien den ganzen Tag. Warum spielen die Kinder nicht zu Hause?

○ …

7 *Carsharing*

◆ Heutzutage ist es nicht nötig, ein Auto zu kaufen. Seit es in allen großen Städten Carsharing gibt, ist es viel billiger, ein Auto zu mieten.

○ …

8 *Tattoos*

◆ Meine Freundin hat ein wunderbares Tattoo auf der Schulter: eine große Blume mit einem bunten Schmetterling. Das möchte ich auch haben!

○ …

2 Diskutieren

HILFE

Schritt für Schritt
Am besten nimmst du deine eigenen Diskussionsbeiträge
mit dem Handy auf und hörst sie danach zur Kontrolle.

a Ordne die folgenden Sätze den Situationen zu. Du kannst die Diskussion damit steuern.

Sätze

1 Das habe ich nicht ganz verstanden.
Kannst du das nochmal erklären?

2 Halt! Dazu möchte ich auch mal etwas sagen.

3 Darüber sollten wir genauer sprechen.
Vielleicht kannst du deinen Standpunkt
noch einmal wiederholen.

4 Das ist meine Meinung, aber jetzt
sag du doch mal, was du denkst!

5 Vielleicht muss ich das noch besser erklären.
Ich kann dir dazu ein Beispiel nennen.

Situationen

a Du brauchst ein bisschen Zeit zum
Nachdenken.

b Du bemerkst, dass deine Partnerin / dein
Partner dich nicht richtig verstanden hat.

c Deine Partnerin / dein Partner lässt dich
nicht zu Wort kommen.

d Du verstehst deine Partnerin / deinen
Partner nicht.

e Deine Partnerin / dein Partner beteiligt
sich nur sehr wenig an der Diskussion.

b Lies die Statements zu den beiden folgenden Themen und notiere eigene Antworten.

TIPP
Lies erst alle Beiträge, damit du weißt,
wie sich die Diskussion entwickelt.

Was würdest du auf diese Statements antworten?

Thema 1: Führerschein mit 16?

**Deine Partnerin / dein Partner meint, dass Jugendliche ab 16 Jahren den Führerschein bekommen
sollten. Du bist dagegen. Reagiere auf die Argumente 1–4.**

Argumente deiner Partnerin / deines Partners
Beispiel:

deine Argumente

Gerade junge Leute brauchen heute Bewegungs-
freiheit. Wenn man auf dem Land wohnt, fühlt
man sich ohne Führerschein völlig abgeschnitten
von allem, was Spaß macht. Wenn wir den
Führerschein mit 16 Jahren machen könnten,
wäre unsere Situation viel besser.

Da bin ich ganz anderer Meinung! Das ist doch viel
zu gefährlich. Die Jugendlichen sollten mit den
öffentlichen Verkehrsmitteln fahren. Damit
kommen sie überallhin und es kann ihnen nichts
passieren. Und mit dem Schülerticket ist es auch
sehr billig.

Modul Sprechen

1 Die öffentlichen Verkehrsmittel reichen nicht aus. Vor allem abends und am Wochenende gibt es oft überhaupt keine Verbindungen zwischen der Stadt und den umliegenden Dörfern. Ich wohne in Birnbach, Niederbayern. Die nächste größere Stadt ist Passau, da gehe ich zur Schule, da wohnen meine Freunde. Es gibt Kinos, Tanzclubs, Konzerte – und der letzte Zug fährt um 21.13 Uhr!

2 Natürlich kann meine Mutter mich ab und zu nach einem Konzert abholen. Wir organisieren das auch zusammen mit anderen Familien aus dem Dorf, aber das klappt meistens nicht so richtig gut: Immer kommt bei der Rückfahrt jemand zu spät oder er fehlt ganz. Mit den Erwachsenen gibt es dann Ärger. Wirklich, ich brauche den Führerschein, aber ich bin erst 16.

3 In der Statistik heißt es immer wieder, dass junge Leute die meisten Autounfälle verursachen. Das würde mir nicht passieren! Für mich bedeutet der Führerschein Unabhängigkeit, deshalb wäre ich sehr vorsichtig und würde niemals Alkohol trinken, wenn ich mit dem Auto unterwegs bin.

4 Ich kann schon ziemlich gut Auto fahren, weil meine Mutter mit mir übt. Im nächsten Jahr mache ich bestimmt den Führerschein, aber zuerst muss ich dann immer mit einer Begleitperson fahren. Das finde ich nicht gerade cool, es geht nur leider nicht anders.

Thema 2: Ernährung in der Welt von morgen?

**Deine Partnerin / dein Partner meint, dass wir unsere Essgewohnheiten ändern müssen.
Damit bist du nicht einverstanden. Reagiere auf die Argumente 1–5.**

1 Viele Wissenschaftler sagen, dass die Erde nur dann acht Milliarden Menschen ernähren kann, wenn wir weitgehend auf Fleisch verzichten. Man verbraucht einfach viel zu viel fruchtbares Land, Wasser und Futtermittel, um Rinderbraten oder Steaks herzustellen.

Sicher, ein Mensch allein kann nur wenig verändern. Aber wenn das alle Menschen tun würden, dann wäre die Situation in der Zukunft ganz anders. Wenn niemand mehr Fleisch kaufen will, dann wird bestimmt nicht mehr so viel produziert und auf dem Weideland könnten Getreide, Obst und Gemüse wachsen. **2**

3 Die Landwirtschaft muss natürlich ganz anders arbeiten. Es darf keine riesigen Maisfelder mehr geben, deren Produkte nur für die Bio-Energie benutzt werden. Die Bauern müssen wieder so arbeiten wie früher: kleine Felder mit unterschiedlichem Anbau, Kartoffeln neben einem Getreidefeld, eine Obstwiese neben einem Gemüsegarten.

Lebensmittel sind heutzutage viel zu billig. Es darf nicht so sein, dass europäisches Hühnerfleisch nach Afrika exportiert wird und dort weniger kostet als die afrikanischen Produkte. Wenn es in der Landwirtschaft keine Monokultur gibt, wenn die Felder kleiner sind, können die großen Maschinen nicht eingesetzt werden. Dann werden in der Landwirtschaft viel mehr Arbeitskräfte gebraucht. **4**

5 Meiner Meinung nach ist die Frage der Ernährung das wichtigste Problem, das die Menschheit in Zukunft lösen muss. Vielleicht finden die Wissenschaftler ja eine Lebensmittel-Wunderpille, die man nur einmal am Tag nehmen muss und die ganz billig herzustellen ist. Aber ich glaube ja eigentlich nicht an Wunder!

3 Für und gegen etwas argumentieren: *Fastfood und Fastfood-Restaurants*
Lies die Argumente in dem folgenden Dialog. Markiere jeweils zwei Argumente und formuliere
dazu eine Gegenposition. Die angegebenen Argumente können dir dabei helfen.

mögliche Argumente

neue Freunde finden • Gerichte aus aller Welt •
schmeckt langweilig • Zeit sparen • chemische
Zusätze • Spaß beim Kochen • gemütlich sitzen und
essen • immer die gleichen Gerichte • in Ruhe essen •
Essen zum Mitnehmen • bedient werden • ungestört
miteinander reden • gemütliche Restaurants • langsam
essen ist gesund • freundliche Atmosphäre • Vegetarismus • mit Freunden Spaß haben • neue Rezepte ausprobieren • wenn man hungrig ist, schnell etwas essen •
nicht viel Geld ausgeben • Lieblingsessen • nach dem
Fitness-Center • Freunde einladen • gesund essen •
ohne Stress ausgehen • Selbstbedienung • …

Person A
(für Fastfood und Fastfood-Restaurants)

Person B
(gegen Fastfood und Fastfood-Restaurants)

a Fastfood ist lecker! Ich …

Für die meisten Jugendlichen gibt es eine Phase,
in der sie mit Begeisterung billige Bratwürste und
fettige Kartoffeln essen. Tatsächlich sind es
künstliche Geschmacksstoffe, die das Essen am
Kiosk so attraktiv machen. Diese Stoffe sind
gefährlich.

b Meistens geht man nicht allein zum Fastfood, es
ist ein Ort, wo man mit Freunden und Bekannten
zusammen ist. Es ist immer total lustig, wenn
meine Kumpel und ich dort essen. Wir lachen und
reden; man erfährt, was jeder gerade so macht;
irgendjemand erzählt einen Witz. Und wir treffen
da oft auch neue Leute, die gut zu uns passen.

c

Ich finde gutes Essen sehr wichtig. Deshalb koche
ich meistens alles selbst, ich esse auch mittags
nicht in der Kantine, sondern nehme ein belegtes
Brot und Salat mit ins Büro. Ich habe Spaß beim
Kochen und probiere gern neue Rezepte aus.
Außerdem ist das Kochen für mich entspannend,
ich kann dabei gut nachdenken.

Modul Sprechen

d Wenn ich abends von der Arbeit komme, will ich nicht mehr einkaufen und stundenlang kochen. Lieber nehme ich beim Italiener eine Pizza mit oder hole mir ein Fastfood-Menü am Kiosk. Das kann ich dann gemütlich zu Hause vor dem Fernseher essen. Auf diese Weise spare ich eine Menge Zeit, die ich für mein Lieblingshobby brauche: Ich entwickle neue Computerspiele, dabei wird es oft sehr spät.

e _____

Kochen ist für mich ein Vergnügen, weil ich gern exotische Gerichte ausprobiere. Ich habe an einem sehr interessanten Kochkurs teilgenommen, seitdem bin ich ein Fan der asiatischen Küche. Ich möchte kein fertiges Essen kaufen. Ich bin glücklich, wenn ich in der Küche stehe und für meine Freunde etwas Besonderes vorbereite.

f Man kann in Fastfood-Lokalen oft sehr gemütlich sitzen und reden. Wenn mein Freund und ich nach dem Kino noch etwas essen wollen, gehen wir nicht ins Restaurant. Außerdem hat nach dem Kino kaum noch eins offen. Ich finde Selbstbedienung prima, da weiß ich wenigstens genau, was ich bekomme und was ich dafür bezahlen muss.

g Natürlich gibt es auch gesundes Fastfood, man kann jede Menge Salate, Gemüse-Burger und Obst bekommen. Ich gehe in der Mittagspause mit meiner Kollegin gern ein bisschen spazieren. Meistens landen wir beim türkischen Fastfood, weil es da so gemütlich ist. Wir kaufen uns Tee, Gemüsekroketten, Brot und Salat – das ist billig und man kann danach gut weiterarbeiten.

Modul Sprechen

113

IV Training zur Prüfung Sprechen

Teil 1   Vortrag halten   ◷ circa 8 Minuten für beide Teilnehmende zusammen

HILFE

In Teil IV ist jeder Prüfungsteil doppelt, d. h. du kannst jeden Prüfungsteil zweimal üben.

Du nimmst an einem Seminar teil und sollst dort einen kurzen Vortrag halten.
Wähle ein Thema (A oder B) aus. Deine Gesprächspartnerinnen /
deine Gesprächspartner hören zu und stellen dir anschließend Fragen.

Strukturiere deinen Vortrag mit einer Einleitung, einem Hauptteil und einem Schluss.
Deine Notizen und Ideen schreibst du bitte in der Vorbereitungszeit auf.
Sprich circa 4 Minuten.

HILFE

In der Prüfung bekommen beide Teilnehmende ein
Kandidatenblatt zu Teil 1, jeweils gekennzeichnet
mit „Teilnehmende/-r A" oder „Teilnehmende/-r B".

TIPP

Sprich von Dingen, die du gut kennst.
Erzähle von eigenen Erfahrungen.

Teilnehmende/-r A / B

Thema A

**Familien – moderne Formen des
Zusammenlebens**

- Beschreibe mehrere Alternativen.
- Nenne Vor- und Nachteile und
  bewerte diese.
- Beschreibe eine Möglichkeit genauer.

Thema B

Spitzensport: Chancen und Risiken

- Beschreibe mehrere Alternativen.
- Beschreibe eine Sportart genauer.
- Nenne Vor- und Nachteile und
  bewerte diese.

Modul Sprechen

Teil 2	Diskussion führen	○ circa 5 Minuten für beide Teilnehmende zusammen

Ihr seid Teilnehmende eines Debattierclubs und diskutiert über die aktuelle Frage.

Sollten junge Leute ab 16 Jahren das Wahlrecht bekommen?

- Tauscht euren Standpunkt und eure Argumente aus.
- Reagiert auf die Argumente eurer Gesprächspartnerin / eures Gesprächspartners.
- Fasst am Ende zusammen: Seid ihr dafür oder dagegen?

Du kannst diese Stichpunkte zu Hilfe nehmen.

Junge Politiker / junge Wähler?
Viel / Wenig Interesse für Politik?
Information über politische Themen?
Einfluss von Schule und Eltern?
…

TIPP
Hör gut zu, wenn deine Partnerin / dein Partner spricht.
Antworte freundlich auf ihre/seine Argumente,
aber sag auch deine Meinung.

Teil 1	Vortrag halten	🕐 circa 8 Minuten für beide Teilnehmende zusammen

> **TIPP**
> Sprich von Dingen, die du gut kennst.
> Erzähle von eigenen Erfahrungen.

Du nimmst an einem Seminar teil und sollst dort einen kurzen Vortrag halten.
Wähle ein Thema (A oder B) aus. Deine Gesprächspartnerinnen /
deine Gesprächspartner hören zu und stellen dir anschließend Fragen.

Strukturiere deinen Vortrag mit einer Einleitung, einem Hauptteil und einem Schluss.
Deine Notizen und Ideen schreibst du bitte in der Vorbereitungszeit auf.
Sprich circa 4 Minuten.

> **HILFE**
> In der Prüfung bekommen beide Teilnehmende ein
> Kandidatenblatt zu Teil 1, jeweils gekennzeichnet
> mit „Teilnehmende/-r A" oder „Teilnehmende/-r B".

Teilnehmende/-r A / B

Thema A

> **Mobilität im Alltag**
>
> - Beschreibe verschiedene Verkehrsmittel.
> - Beschreibe die Vor- und Nachteile und bewerte diese.
> - Beschreibe deinen Weg durch die Stadt.

Thema B

> **Soziale Netzwerke**
>
> - Beschreibe verschiedene soziale Netzwerke.
> - Beschreibe ein Netzwerk genauer.
> - Beschreibe die Vor- und Nachteile und bewerte diese.

Teil 2	Diskussion führen	🕐 circa 5 Minuten für beide Teilnehmende zusammen

Ihr seid Teilnehmende eines Debattierclubs und diskutiert über die aktuelle Frage.

Sollten die öffentlichen Verkehrsmittel in den Städten kostenlos sein?

- Tauscht euren Standpunkt und eure Argumente aus.
- Reagiert auf die Argumente eurer Gesprächspartnerin / eures Gesprächspartners.
- Fasst am Ende zusammen: Seid ihr dafür oder dagegen?

Du kannst diese Stichpunkte zu Hilfe nehmen.

Weniger Verkehr auf der Straße?
Weniger Parkplatzprobleme?
Mehr Steuern für alle?
Überfüllte U-Bahnen?
…

> **TIPP**
> Höre gut zu, wenn deine Partnerin / dein Partner spricht. Antworte freundlich auf ihre/seine Argumente, aber sag auch deine Meinung.

V Simulation: Goethe-Zertifikat B2 Sprechen

HILFE

In der Simulation gibt es jeweils ein Aufgabenblatt pro Teil. In der Prüfung bekommt jeder Kandidat / jede Kandidatin eigene Aufgabenblätter.

Sprechen

Zeit: circa 14 Minuten

Das Modul *Sprechen* hat zwei Teile.

In **Teil 1** hältst du einen kurzen Vortrag und sprichst mit deiner Gesprächspartnerin / deinem Gesprächspartner darüber. Wähle dafür ein Thema (A oder B) aus (circa 4 Minuten).

In **Teil 2** tauschst du in einer Diskussion Standpunkte aus (circa 5 Minuten).

Deine Vorbereitungszeit beträgt 15 Minuten (Paarprüfung und Einzelprüfung). Du bereitest dich allein vor. Du darfst dir Notizen machen. In der Prüfung sollst du frei sprechen.

Hilfsmittel wie z. B. Wörterbücher oder Mobiltelefone sind nicht erlaubt.

Modul Sprechen

| Teil 1 | Vortrag halten | ⏲ circa 8 Minuten für beide Teilnehmende zusammen |

Du nimmst an einem Seminar teil und sollst dort einen kurzen Vortrag halten.
Wähle ein Thema (A oder B) aus. Deine Gesprächspartnerin /
dein Gesprächspartner hört zu und stellt dir anschließend Fragen.

Strukturiere deinen Vortrag mit einer Einleitung, einem Hauptteil und einem Schluss.
Deine Notizen und Ideen schreibst du bitte in der Vorbereitungszeit auf.
Sprich circa 4 Minuten.

Teilnehmende/-r A / B

Thema A

Schönheit um jeden Preis?

- Beschreibe verschiedene
  Möglichkeiten, gut auszusehen.
- Beschreibe die Vor- und
  Nachteile und bewerte diese.
- Beschreibe eine Möglichkeit genauer.

Thema B

Folgen des Reisens

- Beschreibe verschiedene
  Arten zu reisen.
- Beschreibe die Vor- und
  Nachteile und bewerte diese.
- Beschreibe eine Form des
  Reisens genauer.

Modul Sprechen

Teil 2	Diskussion führen	⏱ circa 5 Minuten für beide Teilnehmende zusammen

Ihr seid Teilnehmende eines Debattierclubs und diskutiert über die aktuelle Frage.

Sollen alle Kinder möglichst früh in den Kindergarten?

- Tauscht euren Standpunkt und eure Argumente aus.
- Reagiert auf die Argumente eurer Gesprächspartnerin / eures Gesprächspartners.
- Fasst am Ende zusammen: Seid ihr dafür oder dagegen?

Du kannst diese Stichpunkte zu Hilfe nehmen.

Die Eltern sind tagsüber bei der Arbeit?
Zusammen spielen und lernen?
Nicht genug Plätze in Kindertagesstätten / große Gruppen?
Eltern sehen ihr Kind zu wenig?
…

Texttranskriptionen

Hören 1

PETER: Hallo Anna, schön dich zu sehen!

ANNA: Ja Peter, Mensch prima, dass ich dich treffe. Ich wollte dich heute Morgen schon anrufen, bin aber leider nicht dazu gekommen.

PETER: Na, was gibt es denn so Dringendes?

ANNA: Ich wollte dich fragen, ob du mir am Wochenende helfen könntest. Ich bin dabei, mein Zimmer zu renovieren.

PETER: Ja klar, allerdings geht es nicht am kommenden Wochenende. Wir wollen zum Skifahren in die Berge. Aber das Wochenende danach geht. Meinst du, du kannst das so einrichten?

ANNA: Kein Problem, ich bin froh, dass es überhaupt klappt. Danke!

Hören 2

RALF: Grüß dich Anja. Wie geht's?

ANJA: Hallo Ralf, ja gut, aber im Moment habe ich ziemlich viel Stress. Ich weiß gar nicht, wie ich das mit meinem Job neben der Schule alles schaffen soll.

RALF: Und ich dachte, du bist ganz begeistert von diesem Job? Du hattest dich doch so darüber gefreut.

ANJA: Ja, das stimmt schon. Trotzdem wächst mir im Moment alles über den Kopf.

RALF: Wie wäre es, wenn du die Stunden einfach ein bisschen reduzierst?

ANJA: Hm, ich weiß nicht.

RALF: Sprich doch einfach mal mit deinem Chef. Du hattest doch guten Kontakt zu ihm. Vielleicht ist das alles gar nicht so schlimm.

Hören 3

MODERATORIN: Ich begrüße heute Christiane Wegner, Sportwissenschaftlerin an der Universität Oldenburg. Frau Wegner, Sie sagen: „Wir brauchen mehr Aufklärung und bessere Kontrollen bei den Extremsportarten." Können Sie uns dazu etwas mehr sagen?

FRAU WEGNER: Ja natürlich, zuallererst geht es um eine verbesserte Aufklärung. Viele junge Menschen, die einer Extremsportart nachgehen, wissen gar nicht, worauf sie sich da eigentlich einlassen. Dabei bergen viele dieser Sportarten Gefahren, vor denen man sich schützen könnte, wenn man nur besser informiert wäre.

MODERATORIN: An welchen Extremsport denken Sie konkret?

FRAU WEGNER: Nun, grundsätzlich gilt das, was ich gerade gesagt habe, für alle Extremsportarten. Als Beispiel möchte ich hier aber das Kitesurfen nennen, eine Sportart, die in den letzten 10 Jahren einen regelrechten Hype erfahren hat und von der viele behaupten, dass sie doch eigentlich gar nicht so gefährlich sei. Das stimmt aber nur bedingt: Wer die Gefahren, wie zum Beispiel, dass sich die Seile unkontrolliert verheddern, nicht kennt oder sie ignoriert, geht bei diesem Sport ein großes Risiko ein.

MODERATORIN: Sie sagten, dass gerade das Kitesurfen in den letzten Jahren so sehr an Beliebtheit zugenommen hat. Was sind die Gründe dafür?

FRAU WEGNER: Einer der Hauptgründe ist sicher die Tatsache, dass es sich beim Kitesurfen auch um eine Fun-Sportart handelt. Es soll ja ein überwältigendes Gefühl sein, so über die Wellen zu gleiten und dabei vom Wind getragen zu werden. Darin liegt aber zugleich auch das Gefahrenpotential: Um diesen Rausch zu erleben, sind viele bereit, ein relativ hohes Risiko einzugehen.

MODERATORIN: Kommt es denn nicht auch wesentlich auf die Ausrüstung an?

FRAU WEGNER: Sicher. Und hier gibt es große Unterschiede, obwohl man sagen muss, dass die Qualität der Ausrüstung bei europäischen Kiteschulen und Verleih-Firmen einen sehr hohen Standard hat. Aber denken Sie zum Beispiel, Sie machen einen Kitekurs in einem Land, in dem es weniger hohe Sicherheitsstandards gibt. Da sollten Sie dann schon gut darüber informiert sein, was hinsichtlich der Qualität der Ausrüstung zu beachten ist, um keine bösen Überraschungen zu erleben.

MODERATORIN: Sie erwähnten anfangs auch, dass Kontrollen eine ebenso entscheidende Rolle spielen wie gute Aufklärung.

FRAU WEGNER: Ja, man kann nicht alles in den Verantwortungsbereich des Sportlers schieben. Anbieter von Extremsportarten müssen regelmäßig kontrolliert werden, damit sichergestellt ist, dass hier neben einer optimalen Ausrüstung auch geschultes Fachpersonal zum Einsatz kommt.

MODERATORIN: Frau Wegner, ich danke Ihnen für dieses Gespräch.

Hören 4

MODERATORIN: Ich freue mich, Sie zu unserer Sendung „Ich und mein Haustier" begrüßen zu dürfen. Unser Thema heute: der Führerschein für Hundebesitzer. In Deutschland werden nach offiziellen Angaben fast zehn Millionen Hunde gehalten. Das heißt, in jeder Nachbarschaft gibt es einen oder mehrere Hunde. Wie die Tiere behandelt werden, das bleibt dem jeweiligen Hundehalter überlassen. Tierschützer fordern daher Schulungen für Hundebesitzer, an deren Ende sie ihre Kenntnisse nachweisen müssen. Im Studio begrüße ich zu diesem Thema Jolanda Reese und Oliver Sturz.

JOLANDA REESE / OLIVER STURZ: Schönen guten Abend!

MODERATORIN: Frau Reese, Sie sagen: Jeder auch noch so kleine Hund muss fachgerecht gehalten werden. Sie setzen sich mit Nachdruck für einen solchen Hunde-Führerschein ein.

JOLANDA REESE: Ja, das ergibt sich schon aus dem Tierschutzgesetz. Ich wundere mich immer wieder darüber, mit wie viel Unwissenheit manche Hundebesitzer mit ihrem Tier umgehen. Da muss dringend etwas passieren.

MODERATORIN: Herr Sturz, Sie mahnen in dieser Hinsicht zur Gelassenheit. Der Staat dürfe nicht zu viele Vorschriften machen. Stattdessen sollte insgesamt mehr Aufklärungsarbeit geleistet werden. Was heißt das konkret?

OLIVER STURZ: Ach wissen Sie, das sieht man doch schon im Straßenverkehr: Wo es viele Regeln gibt, werden diese auch wieder gebrochen. Nein, stattdessen müssen wir endlich lernen, dass Hunde zu unserem Leben dazugehören und uns – unabhängig davon, ob wir selbst einen Hund haben oder nicht – einfach mehr mit diesen wunderbaren Tieren beschäftigen. Also nicht nur die Hundebesitzer. Und dazu bräuchten wir keine Hundeschule und auch keinen Hundeführerschein.

JOLANDA REESE: Aber wo soll man sonst etwas lernen über Hunde, wenn nicht in der Hundeschule?

OLIVER STURZ: „Hundeschule" klingt so angestrengt, und das schreckt viele Menschen ab. Und ach, denkt man, das kostet auch noch Geld. „Hundeclub" oder „Hundeverein" klingt doch viel besser! Was spricht dagegen, dass Vereine Informationsveranstaltungen anbieten, mit denen man auch Nicht-Hundebesitzer anspricht: Messen, Workshops, vielleicht auch mal eine Hundeshow …

MODERATORIN: Wären das nicht Veranstaltungen, zu denen die auch ohnehin bereits Informierten gehen? Man erreicht damit wahrscheinlich nicht alle Hundebesitzer.

JOLANDA REESE: Oh, da könnte Werbung sicher einiges ausrichten. Nein, die Sache ist doch die, dass man insgesamt viel zu unbekümmert und gedankenlos ist im Umgang mit Hunden. Und natürlich mangelt es auch vielen an Zeit. Hier sollte der Staat reagieren und klare Vorschriften machen, z. B. indem für jeden Hundebesitzer eine Hundeführer-Prüfung verlangt wird.

MODERATORIN:	Nun gibt es ja sicher Hunderassen, die leichter zu führen sind als andere.
JOLANDA REESE:	Sicher, aber auch diese Tiere machen einen fachgerechten Umgang unumgänglich. Es geht hier ja gerade nicht nur um die Gefahr für den Menschen, die von einem Hund ausgehen kann. Es geht auch um das Tier selbst, und dieses hat einen gesetzlichen Anspruch darauf, tiergerecht und fair gehalten zu werden.
OLIVER STURZ:	Da bin ich ganz bei Ihnen. Aber Sie erreichen keine tiergerechte Behandlung durch Zwang und Bevormundung. Ich wiederhole: Wir brauchen mehr Aufklärungsarbeit, gern auch in den Medien, wie zum Beispiel im Hörfunk oder im Fernsehen.
MODERATORIN:	Frau Reese, Herr Sturz, ich danke Ihnen für dieses Gespräch.

Hören 5

Liebe Zuhörerinnen und Zuhörer, ich freue mich, Sie zu meinem Vortrag „Familienfeste locker angehen" begrüßen zu dürfen. Mein Name ist Annelie Kiros und ich bin seit vielen Jahren als Psychologin in der Familienforschung tätig. Viele von uns kennen das: Vor großen Feiertagen – ich denke zum Beispiel an Weihnachten oder große Geburtstage – stellt sich plötzlich das Gefühl ein: Ich habe überhaupt keine Lust! Keine Lust, Geschenke zu kaufen, keine Lust, die lieben Verwandten zu sehen, keine Lust auf Feiertagsstimmung. Was also tun? Nun, wichtig ist zunächst einmal, zu begreifen, dass wir mit diesem Gefühl nicht alleine dastehen. Es gibt viele Menschen, die Feiertage ablehnen und lieber auf irgendeine einsame Insel flüchten würden. Und man braucht sich dessen auch nicht zu schämen. Und hier komme ich zu einem ersten wichtigen Punkt: Machen Sie sich Ihre Gefühle zuallererst einfach nur bewusst. Machen Sie sich klar, was Ihnen an diesem bevorstehenden Fest so missfällt, überlegen Sie aber auch, welche Tätigkeiten oder welche Kontakte Ihnen vielleicht doch noch Freude bereiten könnten. Denn niemals ist wirklich alles nur schrecklich. Und damit komme ich zu einem zweiten wichtigen Punkt: Malen Sie sich aus, wie Sie das Fest gerne hätten. Überlegen Sie, was Sie dazu aktiv beitragen könnten. Sie können sich auch fragen, was Sie an diesem Tag gerne anziehen möchten oder welche Dekoration Ihnen besonders gefällt. Kochen oder backen Sie gern? Dann gibt es möglicherweise etwas, was Sie schon seit langem gerne ausprobieren wollten.

Und das führt mich zu meinem dritten Punkt: Haben Sie den Mut, über Ihr Unbehagen, aber auch über Ihre Veränderungswünsche zu sprechen. Wer seine Wünsche freundlich vorbringt, kann in der Regel davon ausgehen, dass man sie akzeptiert. Überlegen Sie also, wen Sie in der Familie ansprechen und für Ihre Ideen begeistern könnten. Vielleicht gibt es ja noch jemand anderen, die Schwester oder den Bruder, der wie Sie keine Lust hat auf das Fest. Teilen Sie sich mit, das ist bereits der Beginn der Lösung.

Vielleicht kann man ja auch einmal in einem kleineren Rahmen feiern, zum Beispiel nur mit den Eltern und Geschwistern, ohne alle Onkel und Tanten. Oder man wechselt sich ab, feiert mal groß, zum Beispiel an runden Geburtstagen, mal klein, zum Beispiel an Weihnachten.

Und wenn das alles nichts hilft, bleibt immer noch die Möglichkeit, dass Sie um Verständnis dafür bitten, dass Sie dieses Jahr einfach keine Lust haben. Ich danke Ihnen für Ihre Aufmerksamkeit.

Hören 6

Text 1

JUGENDLICHER:	Du, ich wollte dich gern einladen. Ich mache am kommenden Samstag bei mir zu Hause eine Party. Und da habe ich gedacht, du bist dann doch sicher noch da.
JUGENDLICHE:	Hm, ursprünglich ja. Ich besuche ja nächste Woche meine Schwester in Berlin und wollte am Sonntag fahren. Aber nun habe ich eine Mitfahrgelegenheit gefunden und es geht schon am Samstagabend los. Mensch, schade!
JUGENDLICHER:	Meinst du, da lässt sich noch was machen?
JUGENDLICHE:	Also – ich weiß nicht. Es gibt noch zwei weitere Mitfahrerinnen. Ich kann es probieren, aber ich glaube, ehrlich gesagt, nicht daran.

Hören 7

Text 2

REPORTER: Sie hören nun einen Beitrag aus unserer Reihe „Sicherheit im Straßenverkehr" Heute geht es um die Fußgänger. Herr Kunze, neue Studien haben ergeben, dass auch junge Fußgänger immer häufiger in Unfälle verwickelt werden?

KUNZE: Ja, von älteren Verkehrsteilnehmern ist das ja bereits bekannt.

REPORTER: Woran liegt das, dass die Jungen nun auch als gefährdeter gelten?

KUNZE: Das ist zum einen das Tippen auf dem Smartphone im Gehen, etwas, das man ja immer häufiger antrifft. Es beeinträchtigt die Konzentration und führt dazu, dass Gefahrensituationen nicht rechtzeitig erkannt werden. Zum anderen gibt es sichere Belege dafür, dass das Musikhören im Gehen ein besonderes Risiko darstellt. Genau gesagt steigt das Unfallrisiko um ein Vierfaches gegenüber dem normalen Fußgänger. Ganz offensichtlich wird von vielen unterschätzt, dass wir uns im Straßenverkehr im Wesentlichen auch auf unser Gehör verlassen.

Hören 8

Text 3

JUGENDLICHER: Wie war denn dein Gespräch mit Dr. Wiederhold?

JUGENDLICHE: Ganz gut. Er hat mir das Rezept gegeben. Aber er ist selbst nicht sehr überzeugt davon, dass ich es weiterhin mit Physiotherapie probiere. Er meint, ich solle es besser mit Akupunktur versuchen.

JUGENDLICHER: Aber die Physiotherapie hat dir doch bisher schon geholfen.

JUGENDLICHE: Ich weiß nicht. Die Beschwerden kommen ja immer wieder zurück. Immer nach dem Leistungssport. Aber Akupunktur – irgendwie habe ich Angst davor.

JUGENDLICHER: Also, da würde ich auf jeden Fall noch einen anderen Arzt befragen!

Hören 9

Text 4

Experten haben herausgefunden, dass wir nur dreißig Prozent der guten Vorsätze, die wir haben, auch tatsächlich umsetzen. Das hängt damit zusammen, dass der Mensch ein Gewohnheitstier ist. Wem aber wirklich daran gelegen ist, seine Vorsätze umzusetzen, dem sei empfohlen, besonders planvoll und strukturiert an die Sache heranzugehen. Hier hat sich die folgende Strategie bewährt: Man sollte nicht nur ein Ziel für einen bestimmten Zeitraum festlegen, sondern man sollte sich auch überlegen, was einen von diesem Ziel konkret abhalten könnte und wie man auf diese Hindernisse dann reagieren kann. Ferner ist es auch wichtig, sich sehr konkret vorzustellen, zu welch schönen Augenblicken es führt, sollte sich das Ziel tatsächlich erfüllen.

Hören 10

Text 5

FRAU 1: Was, du willst bei diesem Wetter noch aufbrechen? Warum bleibst du nicht bis morgen?

FRAU 2: Ich habe zu Hause noch so viel zu machen. Und der Schneefall lässt sicher bald nach.

FRAU 1: Im Radio gibt es Unwetterwarnungen. Also, an deiner Stelle würde ich jetzt nicht fahren.

FRAU 2: Was kann denn schon passieren? Es ist sowieso eher Schneematsch, und wenn es gar nicht mehr geht, fahre ich rechts ran und mache eine Pause. Außerdem kommt Oliver mit. Dann habe ich sogar Gesellschaft.

FRAU 1:	Also, so ganz toll finde ich das nicht.
FRAU 2:	Es sind ja nur zwei Stunden, das schaffe ich schon. Du weißt doch, ich bin vernünftig.
FRAU 1:	Ja, das schon.

Hören 11

MODERATORIN:	Ich begrüße heute Moritz Anthaus, Biologie an der Universität Mainz. Herr Anthaus, Sie warnen eindringlich vor den Gefahren von Mikroplastik für die Umwelt. Weshalb gerade Mikroplastik und nicht einfach nur Plastik?
HERR ANTHAUS:	Nun, wir alle wissen, was Plastik ist und dass dieser Kunststoff die Umwelt nachhaltig zerstört. Aber Mikroplastik? Diese Kunststoffteilchen sind sehr klein, weniger als 5 mm, und sind in den meisten Fällen mit bloßem Auge kaum zu erkennen. Sie finden sich dennoch in vielen Produkten, die wir tagtäglich kaufen und bei denen wir kaum auf die Idee kommen würden, dass sie Plastikteilchen enthalten.
MODERATORIN:	Können Sie uns ein Beispiel nennen?
HERR ANTHAUS:	Natürlich. Im Kosmetikbereich greift man z. B. gern auf Mikroplastik zurück, ich nenne hier nur ein Produkt, das sicher anschaulich genug ist: Hautreinigungsmittel. Um die Haut wirklich gut reinigen zu können, benötigen Sie eine Creme mit einer bestimmten Konsistenz, man spricht auch von einem Peeling-Effekt, den das Mittel haben soll.
MODERATORIN:	Und die Plastikteilchen, die diesen Effekt bewirken, könnten für den Konsumenten dann irgendwann gesundheitsschädigend werden?
HERR ANTHAUS:	Wahrscheinlich nicht durch die direkte Anwendung. Aber bedenken Sie, dass diese Teile dann später über die Abwässer in die Kanalisation geraten und weiter durch die Flüsse in die Weltmeere. Das Problem ist, dass sie nirgends Halt machen. Sie gelangen in die Nahrungskette, indem sie früher oder später in den Magen von Fischen geraten. Und am Ende landen Fische auf unseren Tellern und die Mikroplastikteilchen kommen zurück zum Menschen und in dessen Blutkreislauf. Und da lauert dann die Gefahr.
MODERATORIN:	Wie viel gesicherte Forschung gibt es denn tatsächlich darüber, dass Mikroplastikteilchen beim Menschen Schaden anrichten?
HERR ANTHAUS:	Nicht viel, das muss ich sagen. Hier müssten wesentlich mehr finanzielle Mittel für die Forschung bereitgestellt werden. Es gibt aber einzelne durchaus ernstzunehmende Wissenschaftler, die davon ausgehen, dass die Teilchen dazu in der Lage sind, Schadstoffe an sich zu binden, also Stoffe, die dem Menschen definitiv nicht guttun. Wie das alles aber genau wirkt, dazu weiß man noch zu wenig.
MODERATORIN:	Und was lässt sich nun machen?
HERR ANTHAUS:	Oh, es gibt bereits etliche Vorschläge zur Reduzierung von Mikroplastikmüll. Um die Weltmeere vor Mikroplastikmüll zu schützen, wurden beispielsweise Vorschläge gemacht, die die Schiffe davon abhalten, ihren Müll auf hoher See zu entsorgen. Und im Kosmetikbereich gehen immer mehr Hersteller dazu über, nach Ersatzstoffen für Mikroplastik zu suchen. Bei Hautreinigungsmitteln z. B. könnten Wachspartikel den gewünschten Peeling-Effekt erreichen.
MODERATORIN:	Meinen Sie Wachs, wie man ihn in Kerzen findet?
HERR ANTHAUS:	Ja, ganz genau, Kerzenwachs. Aber eigentlich sind der Fantasie da keine Grenzen gesetzt. Wichtig ist, dass diese Ersatzstoffe ihrerseits nicht die Umwelt schädigen. Ich bin sicher, dass es da zu kreativen Lösungen kommen kann, man muss sie nur

wollen. Und um diese zu wollen, ist es so wichtig, sich den möglichen Gefahren von Mikroplastik überhaupt erst bewusst zu werden.

MODERATORIN: Herr Anthaus, ich danke Ihnen für dieses Gespräch.

Hören 12

MODERATORIN: Guten Tag, ich begrüße Sie herzlich zu unserer Sendung „In freier Natur". Wir wollen uns heute über ein recht kontrovers diskutiertes Thema unterhalten, nämlich über die Neuansiedlung von Wölfen in unseren Wäldern. Meine Gesprächspartner sind Frau Anke Hoffmann und Herr Matthias Wimmer. Ihnen beiden schönen guten Tag!

ANKE HOFFMANN: Guten Tag!

MATTHIAS WIMMER: Hallo und guten Tag.

MODERATORIN: Frau Hoffmann, Sie sind seit vielen Jahren begeisterte Hobby-Jägerin, und Sie haben in Niedersachsen ein Jagdrevier gepachtet. Sind Sie da schon Wölfen begegnet?

ANKE HOFFMANN: Oh ja, die sind gar nicht mehr zu übersehen. Aber Wölfe sind naturgemäß auch scheu und ziehen sich sofort zurück, sobald ihnen ein Mensch in den Weg kommt.

MODERATORIN: Worin besteht denn das Problem?

ANKE HOFFMANN: Na ja, zuallererst gibt es ein Problem für die Schafzüchter und Bauern in der Region. Im Jahre 2017 gab es in Niedersachsen bereits 14 Wolfsrudel, zwei Paare und zwei Einzeltiere. Im selben Zeitraum wurden von den Wölfen mehrere hundert Schafe gerissen.

MATTHIAS WIMMER: Da kann ich nur sagen, dass die Schafherden sehr unzureichend geschützt worden sind. Es ist bereits seit Langem bekannt, dass sich bei uns wieder Wölfe ansiedeln. Darauf hätte die Politik längst reagieren müssen, um die Panik und Empörung der Bauern kleinzuhalten.

MODERATORIN: An welche Maßnahmen denken Sie konkret?

MATTHIAS WIMMER: Zuallererst an ausreichende finanzielle Unterstützung. Es genügt nicht, den Bauern lediglich den Schaden für ein totes Schaf zu ersetzen. Auch geeignete Schutzmaßnahmen gegen Wölfe wie höhere Zäune und Mauern müssten ange- messen finanziell erstattet werden. Im Übrigen verstehe ich aber diesen ganzen Hype nicht. Nur weil ein paar Schafe gerissen wurden, ist der Wolf noch lange kein böses Tier, das auch dem Menschen gefährlich wird.

MODERATORIN: Lässt sich das so pauschal sagen? Immerhin gibt es Berichte, denen zufolge einige Wölfe die Scheu vor dem Menschen verloren haben und sich ihnen nähern, statt wegzulaufen.

ANKE HOFFMANN: Da handelt es sich sicher nur um Einzelfälle, bei denen sich der Mensch möglicherweise auch falsch verhalten hat. Nein, ich sehe ein Problem für den Menschen eher darin, dass es zu Paarungen zwischen Wolf und Haushund kommen kann. Die daraus entstehenden Wolfshunde könnten dann in der Tat gefährlich sein, da sie keine natürliche Scheu vor dem Menschen mehr besitzen.

MATTHIAS WIMMER: Nun malen Sie den Teufel aber an die Wand! Im Ernst, wie hoch ist die Wahr- scheinlichkeit, dass das passiert? Ich denke, wir sollten uns darüber freuen, dass der Wolf nun in die Wälder zurückgekehrt ist und wir damit ein Stück Natur und Wildnis zurückbekommen haben. Und außerdem werden Wölfe durch so- genannte Wolfsbeauftragte von der Landesregierung kontinuierlich beobachtet.

MODERATORIN: Dann kann also gar nichts mehr passieren?

| ANKE HOFFMANN: | Doch, wir müssen das alles im Auge behalten. Auf keinen Fall sollten wir zu leichtfertig mit diesem Thema umgehen. Aber es besteht eben auch kein Grund zur Panik, da stimme ich Herrn Wimmer zu. |
| MODERATORIN: | Frau Hoffmann, Herr Wimmer, ich danke Ihnen für dieses Gespräch. |

Hören 13

Ich begrüße Sie herzlich zu meinem Vortrag „Durch gesunde Ernährung zu mehr Lebensqualität". Mein Name ist Melanie Schadewaldt und ich bin als Ernährungswissenschaftlerin sowohl in verschiedenen Forschungsprojekten als auch in freier Praxis tätig.

Ja, liebe Zuhörerinnen und Zuhörer, bei gesunder Ernährung denken viele von uns zunächst an Verzicht. Verzicht auf leckere Marmelade und Süßigkeiten, Verzicht auf fettes Fleisch und Wurstwaren sowie Verzicht auf die heißgeliebten Chips am Abend auf der Party.

Was aber zunächst einen Verzicht für uns bedeutet, zahlt sich nach einer Weile umso mehr aus, das wissen wir alle. Wir verlieren an Gewicht, werden insgesamt beweglicher und gewinnen allein dadurch schon an Lebensqualität. Der Blutdruck sinkt und wir können besser schlafen. Und wer besser schläft, der ist am Tage leistungsfähiger und auch zufriedener. Wie aber schaffen wir den ersten Schritt, um diese Aufwärtsspirale in Gang zu bringen?

Zuallererst müssen wir mit einigen Vorurteilen aufräumen. Gesunde Mahlzeiten sind teuer, schmecken schlecht und sind schwer zuzubereiten. Tatsächlich sind viele Bioprodukte etwas teurer als herkömmliche Produkte. Aber nur auf den ersten Blick. So halten zum Beispiel Vollkornnudeln länger vor, man isst weniger davon und hat erst später wieder Hunger und kann so auf kleine Zwischenmahlzeiten verzichten, was letztlich Geld spart.

Aus Obst und Gemüse lassen sich vorzügliche Gerichte zubereiten, auch ohne dass uns besondere Fähigkeiten als Koch oder Köchin abverlangt werden. Wer im Internet oder im Buchhandel schaut, findet viele Anregungen zu diesem Thema sowie Rezepte, die sich zu Hause mühelos nachkochen lassen. Es ist wichtig, auf diese Weise überhaupt einen ersten Schritt zu machen.

Und damit komme ich zu einem weiteren Punkt: Beschäftigen Sie sich intensiver mit der Materie. Experimentieren Sie in der Küche ein bisschen herum. Oder gehen Sie zu Kochseminaren und Workshops und tauschen Sie sich dort mit anderen aus, informieren Sie sich beispielsweise über Kräuter und Gewürze. So werden Sie mit der Zeit zu einem Spezialisten oder einer Spezialistin für eine gesunde und schmackhafte Ernährung. Nicht nur Sie selbst, sondern auch Ihre Familie sowie Freunde und Bekannte werden es Ihnen danken.

Denn es ist wissenschaftlich erwiesen, dass eine gesunde Ernährungsweise umso nachhaltiger wirkt, je mehr Unterstützung und Solidarität wir in unserem sozialen Umfeld erfahren. Wer ganz allein mit sich herumprobiert, wird schnell wieder rückfällig und nimmt alte Gewohnheiten wieder auf. Wer aber seine neuen Erfahrungen und Einsichten mit anderen teilt, ja, andere vielleicht sogar motiviert, mitzumachen, wird seine gesündere Ernährungsweise auch längerfristig beibehalten. Und darüber hinaus vielleicht sogar neue Kontakte knüpfen, was sich wiederum positiv auf die Lebenszufriedenheit auswirkt. Denn auch hier ist sich die Wissenschaft einig: Ein großer Freundes- und Bekanntenkreis macht uns insgesamt ausgeglichener und glücklicher.

Ich danke Ihnen für Ihre Aufmerksamkeit!

Hören 14

Beispiel:

| JUGENDLICHER: | Und, wie war es auf dem Rockkonzert? |
| JUGENDLICHE: | Na ja, ehrlich gesagt war die Musik nicht ganz so mein Geschmack, einfach zu viel Rock. Aber das Drumherum, das war ein echtes Erlebnis. Das muss man einfach mal gesehen haben! |

JUGENDLICHER: Sind da denn tatsächlich mehrere Bühnen und so viele Zelte dort, wie man immer hört?

JUGENDLICHE: Ja, auf jeden Fall. Es ist ein riesiges Festivalgelände und alle möglichen Leute bauen ihr Zelt auf und feiern noch bis spät in die Nacht. Echt cool. Und da macht es auch nichts, wenn einem die Musik nicht so gefällt.

JUGENDLICHER: Und die Karten? Waren die erschwinglich?

JUGENDLICHE: Nee, dafür habe ich ein ganzes Wochenende lang jobben müssen. Nun ja, ich wollte da ja unbedingt hin.

Aufgabe 1 und 2

JUGENDLICHER: Hallo Martina, gut, dass ich dich treffe!

JUGENDLICHE: Hi, was gibt's denn? Du siehst ja richtig gestresst aus …

JUGENDLICHER: Du, ich wollte dich fragen, ob ich den Roller noch ein bisschen länger behalten kann. Du weißt schon, ich wollte ihn dir kommendes Wochenende zurückbringen.

JUGENDLICHE: Ach ja, ich weiß. Klar, den kannst du noch länger behalten. Obwohl: Eine Freundin hatte mich auch danach gefragt. Ich kann sie ja mal anrufen und dir dann Bescheid geben, ob sie ihn noch will. Ansonsten brauche ich den Roller vorerst nicht.

JUGENDLICHER: Das ist ja prima, danke!

Aufgabe 3 und 4

REPORTER: Sie hören nun einen Beitrag aus unserer Reihe „Schule mal anders". Theresa, ihr habt in der Schule einen Matheprofessor engagiert, der mit euch nachmittags schwierige Aufgaben löst. Wie ist es dazu gekommen?

THERESA: Für die elften Klassen hat die Uni eine Studienprobe Mathematik angeboten. Da konnte man in verschiedene Vorlesungen gehen und auf diese Weise dann herausfinden, ob für einen ein Mathematikstudium in Frage kommt. Natürlich hatte sich der Professor dabei auf uns Elftklässler eingestellt. Es wurden viele knifflige Fragen aus dem Alltag behandelt. Das hat uns so viel Spaß gemacht, dass wir den Professor schließlich gebeten haben, mal zu uns in die Schule zu kommen. Na ja, und jetzt kommt er regelmäßig, nämlich einmal im Monat am Nachmittag. Wir haben letzte Woche zum Beispiel berechnet, was wahrscheinlicher ist: Mit einem Würfel eine Drei zu werfen, oder mit zwei Würfeln zwei gleiche Zahlen.

Aufgabe 5 und 6

JUGENDLICHER: Was ist denn bei deiner Berufsberatung herausgekommen?

JUGENDLICHE: Oh, ich glaube, ich bin da ein Stück weiter. Ich habe zum Beispiel einen Berufseignungstest gemacht und dabei hat sich bestätigt, dass ich doch eher technisch begabt bin.

JUGENDLICHER: Wie interessant, dann wirst du vielleicht mal in einen typischen Männerberuf gehen?

JUGENDLICHE: Nun, ich weiß es nicht, da ist ja auch noch etwas anderes, ich bin gern handwerklich tätig und kreativ. Also, vielleicht sollte ich Mülldesignerin werden.

JUGENDLICHER: Müll … was?

JUGENDLICHE: Also, da baut man aus Abfall neue, brauchbare Produkte. Das fände ich echt cool.

Aufgabe 7 und 8

Eine großangelegte medizinische Studie hat nun noch einmal belegt, wie gesundheitsfördernd Knoblauch tatsächlich ist. Denn schon kleine Mengen dieser weißen Knolle wirken sich positiv auf unsere Gefäße und das gesamte Herz-Kreislauf-System aus. Daneben konnte auch bewiesen werden, dass von Knoblauch eine keimtötende Wirkung ausgeht, weshalb man besonders bei Infekten darauf zurückgreifen sollte. Und drittens konnte auch die zellschützende Wirkung nachgewiesen werden. Wer also vorbeugend etwas gegen Krebs tun möchte, sollte regelmäßig auch mit Knoblauch würzen. Übrigens: Gegen den unangenehmen Geruch lässt sich etwas tun. Im Handel gibt es verschiedene Knoblauch-Tabletten, nach deren Verzehr es zu keinerlei Geruchsbildung kommt.

Aufgabe 9 und 10

FRAU 1:	Da gibt es jetzt dieses neue Roadmovie von … Äh, ich weiß den Namen nicht mehr.
FRAU 2:	Macht nichts, Roadmovie ist nicht so sehr mein Ding. Und überhaupt, Kino kommt für mich im Moment nicht infrage.
FRAU 1:	Wieso, du warst doch sonst in fast jedem Film?
FRAU 2:	Kann sein, aber im Moment habe ich einfach nicht die Nerven. Ich habe wegen der Prüfungen nächsten Monat so viel zu tun, dass ich abends einfach nur froh bin, mal so richtig abzuhängen, also ich meine, ich will oft gar nicht mehr raus. So ist das halt.
FRAU 1:	Schade.
FRAU 2:	Na ja, vielleicht gehen wir nach den Prüfungen mal wieder ins Kino?
FRAU 1:	Klar, das können wir machen. Gern.

Hören 15

Aufgabe 1 und 2

JUGENDLICHER:	Na, und wie war dein erster Abend in der Theatergruppe?
JUGENDLICHE:	Ach, eigentlich ganz gut, da sind nette Leute dabei und die Leiterin fand ich ziemlich toll, richtig engagiert.
JUGENDLICHER:	Wird man dich denn nun bald auf der Bühne sehen?
JUGENDLICHE:	Nein, das noch nicht. Im Moment suchen sie noch nach einem Stück. Und das ist gar nicht so einfach, da wir viel mehr Mädchen in der Gruppe sind als Jungen. Wahrscheinlich müssen dann auch einige Rollen doppelt besetzt werden. Aber sie haben schon etwas in der engeren Auswahl, mal sehen.
JUGENDLICHER:	Also, dann bin ich einfach weiter gespannt. Ich schaue mir das auf jeden Fall an!

Aufgabe 3 und 4

REPORTERIN:	Unser Thema heute von der Stadtverwaltung: Kartons und Gegenstände am Straßenrand, die mit einem Schild „zu verschenken" versehen sind. Ist das überhaupt erlaubt?
MANN:	Na ja, in den meisten Fällen ist das sicher gut gemeint, aber grundsätzlich gilt natürlich, dass die Bürger verpflichtet sind, diese nicht am Straßenrand zu entsorgen, sondern in den dafür vorgesehenen Müllcontainern oder auf dem Wertstoffhof. Denn stellen Sie sich mal vor, ein Mensch verletzt sich an einem der Gegenstände. Wer meint, dass andere seine ausrangierten Dinge vielleicht noch gebrauchen können, sollte besser versuchen, sie über das Internet zu verschenken.

Aufgabe 5 und 6

JUGENDLICHER:	Du, ich war ja nun die ganze Woche krank. Kannst du mir sagen, was bei der Schülerzeitung alles gelaufen ist?
JUGENDLICHE:	Leider nicht, denn ich war eine Woche in Bremen bei meinen Großeltern. Meiner Großmutter geht es nicht gut. Aber du könntest doch Jessica fragen. Die macht immer unglaublich gute Notizen und ist überhaupt total motiviert.
JUGENDLICHER:	Hm, das habe ich schon versucht, aber sie war letzte Woche auch nicht bei dem Treffen. Ich glaube, sie hat sich mit ihrem Freund zerstritten und jetzt geht es ihr nicht so gut …
JUGENDLICHE:	Und Jörn, kannst du nicht versuchen, den zu erreichen?
JUGENDLICHER:	Hab ich auch schon versucht, aber der ist bei seiner Freundin in England. Die hat er doch letztes Jahr kennengelernt, du weißt schon, bei diesem Austauschprogramm.
JUGENDLICHE:	Also, dann fällt mir im Moment niemand mehr ein. Das ist ja wirklich dumm.

Aufgabe 7 und 8

Die Strafen für das Schwarzfahren in U-Bahn und S-Bahnen sowie Bussen sind hoch, aber trotzdem lassen sich viele Menschen nicht davon abhalten. Es ist natürlich schon so, dass die Nahverkehrstickets für manche Leute in der Großstadt kaum noch bezahlbar sind. Aber es gibt auch Leute, die einfach nur ein bisschen Risiko suchen. Dabei wird Schwarzfahren aber strafrechtlich verfolgt. Im Extremfall kann das Gericht sogar eine Freiheitsstrafe verhängen. Die Meinungen darüber, ob dies sinnvoll ist, gehen auseinander. Besser wäre es, so sagen manche Experten, die Tickets grundsätzlich bezahlbarer zu machen. Dann würden zumindest einige Menschen auf das Schwarzfahren verzichten.

Aufgabe 9 und 10

MÄDCHEN 1:	Mensch cool, dass das jetzt bei dir klappt mit Australien! Wie lang bist du denn weg?
MÄDCHEN 2:	Das ganze Schuljahr. Du weißt doch, unsere Englischlehrerin organisiert das. Das ist ein ganz normales Austauschprogramm.
MÄDCHEN 1:	Ja, ja. Aber sag, fällt dir das nicht schwer, so lange fort zu sein? Ich meine, da hast du dann doch bestimmt auch Heimweh. Also, ich meine, ich hätte das.
MÄDCHEN 2:	Sicher, aber meine Mutter und meine Schwester kommen mich besuchen. Und ich habe auch schon Kontakt zu meiner Gastfamilie, wir haben geskypt. Die haben Zwillingstöchter, so alt wie ich. Ich fand sie echt nett.
MÄDCHEN 1:	Super, also ich beneide dich.
MÄDCHEN 2:	Wer weiß, vielleicht hast du ja auch Lust, sowas mal zu machen?

Hören 16

MODERATORIN:	Ich begrüße heute Martin Weiß. Herr Weiß, Sie sind freier Reisebuchautor und haben gerade ein Buch über den sogenannten sanften Tourismus veröffentlicht. Nun ist das ja ein Begriff, der durchaus vielschichtig ist. Können Sie uns kurz erläutern, was darunter zu verstehen ist?
HERR WEISS:	Aber gern. Unter sanftem Tourismus verstehe ich grundsätzlich eine bestimmte Haltung des Reisenden dem Gastgeberland gegenüber. Die sollte von Respekt geprägt sein. Und sie gründet nicht allein in einem schonenden und verantwortungsvollen Umgang mit der Natur, sondern betrifft auch kulturelle Konzepte, mit denen ich mich als Reisender auseinanderzusetzen habe.
MODERATORIN:	Was heißt das konkret?
HERR WEISS:	Nun, das bedeutet, dass ich mich mit den Gepflogenheiten und kulturellen Konventionen des Gastgeberlandes vertraut mache, bevor ich mich überhaupt erst auf den Weg mache. Dass man sich vor Reisebeginn eingehend informiert, ist in dieser Beziehung nur ein Aspekt. Ich muss auch dazu bereit sein, meine eigenen kulturellen Konventionen zu überdenken und zu reflektieren. Damit ist grundsätzlich die Voraussetzung gegeben, dass ich mich an die Kultur und an die Verhaltensweisen der Menschen des Gastlandes anpasse, während ich mich dort aufhalte.
MODERATORIN:	Ein hoher Anspruch. Ist das nicht sehr aufwendig?
HERR WEISS:	Sicher, es erfordert eine gewisse Praxis auch im Umgang mit sich selbst. Nur wer bereit und auch fähig ist, eigene Konventionen zu überdenken, kann diesem Anspruch wirklich gerecht werden.
MODERATORIN:	Und wie lässt sich das nun lernen?
HERR WEISS:	Genau das ist das Thema meines Buches. Ich stelle verschiedene Kulturen und spezifische Konventionen vor, die für diese jeweils typisch sind. Und daraus leite ich dann Fragen ab, die sich auf die Kultur meines Lesepublikums beziehen. So werden meine Leserinnen und Leser schrittweise dazu angeleitet, über ihre eigenen Konventionen nachzudenken.

MODERATORIN:	Wer, denken Sie, wird Ihr Buch kaufen?
HERR WEISS:	Viele Menschen wollen heute individueller reisen und besondere Erfahrungen machen. Diese Menschen sind auch bereit, eine anspruchsvollere Reiseliteratur zu kaufen. Ich glaube, diese Zielgruppe könnte zu meinem Buch greifen. Ich möchte aber generell alle Lesenden ansprechen, die sich mit der Kultur ihres Reiselandes auseinandersetzen möchten.
MODERATORIN:	Sie haben einen hohen Anspruch und gehen durchaus theoretisch vor. Haben Sie nicht die Befürchtung, dass das abschreckend wirken könnte?
HERR WEISS:	Hier ist von einigen Rezensenten leider etwas missverstanden worden. Das Buch enthält natürlich auch theoretische Ausführungen und beschäftigt sich mit anspruchsvollen Methoden für ein interessiertes Publikum. Durch die vielen Fallbeispiele und die schrittweisen Anleitungen, die den überwiegenden Teil des Buches einnehmen, ist es aber sogar ausgesprochen praxisorientiert und somit für einen breiten Leserkreis geeignet.
MODERATORIN:	Eine letzte Frage noch, Herr Weiß: Was für ein Buch planen Sie als Nächstes?
HERR WEISS:	Ein Buch über die deutschen Regionen. Und über den Umgang der Deutschen miteinander. Da gibt es viele Vorurteile, nicht nur zwischen den Ost- und Westdeutschen. Es ist schon sehr spannend, zu schauen, wie man z. B. in Norddeutschland über die Bayern denkt und umgekehrt. Hier etwas aufzubrechen und vielleicht sogar zu erschüttern, das wäre mein Anliegen für ein nächstes Buch.
MODERATORIN:	Herr Weiß, vielen Dank für dieses Gespräch.

Hören 17

MODERATOR:	Ich begrüße hier im Studio Felix Bauer aus Kiel. Felix, du hast den ersten Preis beim Wettbewerb „Jugend kreativ am Bauen" gewonnen. Erzähl uns doch mal, was war deine Idee?
FELIX BAUER:	Also, das ist eigentlich ziemlich schnell erzählt. Ich habe einen elektronischen Mülleimer erfunden, den man zum Beispiel in der Küche verwenden kann. Von außen sieht er wie ein ganz normales Teil aus, aber natürlich steckt da drinnen ein Chip, er ist programmiert. Wenn der Mülleimer voll ist, gibt er ein Signal von sich. Man kann unter vielen verschiedenen Signaltönen wählen.
MODERATOR:	Das klingt einfach, war im Detail aber sicher mit einigen Problemen verbunden.
FELIX BAUER:	Ja, ich war sehr glücklich, als ich all die technischen Fragen, die sich da auftaten, endlich gelöst hatte. Ich habe zum Beispiel lange überlegt, wie ich das mit den Signaltönen hinbekomme. Die Auswahl der Töne ist mir auch nicht ganz leichtgefallen, ich wollte mich da beschränken und ein eher übersichtliches Angebot geben.
MODERATOR:	So ein Abfallbehälter ist sicher auch nicht ganz billig. Wer, denkst du, kauft so was?
FELIX BAUER:	Hm, ich weiß nicht. Darum geht es in erster Linie auch gar nicht bei diesem Wettbewerb. Es geht darum, eine Idee zu entwickeln und diese dann technisch umzusetzen. Ob sich Produktion und Verkauf aus wirtschaftlicher Sicht einmal lohnen werden, spielt dabei eine eher untergeordnete Rolle. Das heißt, wir konnten diese Frage erst einmal vernachlässigen.
MODERATOR:	Wie bist du denn überhaupt auf die Idee mit dem Mülleimer gekommen?
FELIX BAUER:	Das war so: Wir wurden ja betreut während des Wettbewerbs. Und da hieß es, um die Idee zu entwickeln, sollten wir einfach mal in unserem eigenen Umfeld, also im Familien- und Freundeskreis ein bisschen beobachten. Wir sollten schauen, ob es da besondere Situationen gibt, in denen irgendetwas benötigt wird, was so nicht da ist. Oder ob es Konflikte gibt, die sich mit technischen Erfindungen einfach umgehen ließen. Und da ist mir aufgefallen, dass meine Großeltern immer um den Mülleimer streiten. Ums Ausleeren geht es da, meine Großmutter stört es, wenn der immer überquillt.
MODERATOR:	Aha, und dann hast du dich gleich hingesetzt und so ein elektronisches Teil für deine Großeltern entwickelt? Haben Sie es denn schon ausprobiert?

FELIX BAUER:	Ja klar. Meine Großmutter war ganz begeistert, mein Großvater auch. Er hat sich für das Vogelzwitschern als Signalton entschieden, er liebt den Wald. Man müsste jetzt nur noch ein bisschen an den praktischen Dingen arbeiten. Mein Bruder findet zum Beispiel, der sieht zwar gut aus, nimmt aber viel zu viel Platz weg. Und ich selbst denke, er ist immer noch ein bisschen zu schwer.
MODERATOR:	Eine letzte Frage noch, Felix. Über welches neuartige technische Produkt würdest du dich selbst denn am meisten freuen?
FELIX BAUER:	Oh, da habe ich viele Träume, aber am meisten würde ich mich natürlich über einen Stellvertreter freuen. Einen kleinen Roboter, der für mich die Hausaufgaben erledigt und meinetwegen auch den Abwasch in der Küche, wenn ich damit dran bin. Aber so etwas steht technisch natürlich noch in den Sternen.
MODERATOR:	Gut, dann warten wir also ab, vielen Dank vorerst für dieses Gespräch.

Hören 18

MODERATORIN:	Guten Tag und herzlich willkommen zu unserer Sendereihe: „Berlin kreativ". Heute soll es um das Thema „Innenhoftheater" gehen. Ich begrüße hier im Studio Angelika Arnoldt, Mitgründerin des Berliner Innenhoftheaters „Schau mal" und Herrn Leonhard Schwarzer, Bewohner eines Berliner Mietshauses.
ANGELIKA ARNOLDT:	Guten Tag!
LEONHARD SCHWARZER:	Schönen guten Tag.
MODERATORIN:	Angelika, wie bist du überhaupt dazu gekommen, ein Innenhoftheater zu gründen?
ANGELIKA ARNOLDT:	Ich und meine Freunde, wir wollten theatermäßig was machen. Und es sollte sowohl kostengünstig als auch ungewöhnlich sein. Na ja, und dann haben wir uns lange nach einer Spielstätte umgeschaut und wollten das Projekt eigentlich schon wieder aufgeben, als meine Freundin Alice auf die Idee kam, in Innenhöfen zu spielen. Wir haben ja viele davon hier in Berlin.
MODERATORIN:	Aber es ist sicher nicht einfach, die Erlaubnis dafür zu kriegen, dort Theater zu spielen?
ANGELIKA ARNOLDT:	Ja, das ist leider so. Für jede Aufführung müssen wir das Einverständnis der Hausgemeinschaft einholen, und das war dann doch ziemlich viel an Bürokratie und nicht so einfach, wie wir es uns vorgestellt hatten. Aber es hat geklappt, wir spielen jetzt in drei verschiedenen Berliner Innenhöfen, und zwar regelmäßig.
MODERATORIN:	Herr Schwarzer, fühlen Sie sich auf Dauer gestört vom Innenhoftheater bei Ihnen zu Hause?
LEONHARD SCHWARZER:	Anfangs, das muss ich sagen, hat mir die Idee gefallen. Und überhaupt, ich mag es, wenn sich junge Leute engagieren und zum Beispiel künstlerische Projekte angehen. Was mir missfallen hat, ist, dass die Zuschauer nicht nur aus unserer Hausanlage kamen, sondern von überall her. Damit waren es dann plötzlich sehr viele Leute und natürlich brachte das auch sehr viel Lärm mit sich. Mich hat auch gestört, dass nach dem Theater eine Party stattfand. Das war nun wirklich nicht vereinbart.
ANGELIKA ARNOLDT:	Da ist was schiefgelaufen, das gebe ich zu. Diese Party hätte gar nicht stattfinden dürfen. Mir tut das wirklich leid. Als Veranstalter müssen wir noch einiges lernen, es waren so viele Leute gekommen, was uns selbst ganz vor den Kopf gestoßen hat.
MODERATORIN:	Wie werben Sie denn für Ihr Theater?
ANGELIKA ARNOLDT:	Nun, eigentlich nur per Aushang im Haus. Das Innenhoftheater ist für die Hausbewohner und ihre Freunde und Bekannten. Dann ist aber irgendein Spaßvogel auf die Idee gekommen, die Infos übers Internet zu verbreiten. Und damit gab es für uns natürlich viele Probleme.

MODERATORIN:	Herr Schwarzer, hat Ihnen das Stück denn wenigstens gefallen?
LEONHARD SCHWARZER:	Ja, das schon. Meine Frau und ich konnten vom Balkon aus zuschauen und wir haben auch fast jedes Wort verstanden. Unten im Innenhof hatten ein paar Hausbewohner Stühle aufgestellt, dort, wo sonst normalerweise nur die Fahrräder stehen. Dadurch hat der Innenhof Atmosphäre und Leben bekommen, das fanden wir natürlich schön.
MODERATORIN:	Was sind denn das für Stücke, Angelika, die ihr aufführt?
ANGELIKA ARNOLDT:	Vor allem Märchen. Wichtig für die Auswahl der Stücke ist es, dass der Stoff, also die Geschichte, bekannt ist. Denn natürlich kriegt man beim Innenhoftheater vieles nicht mit, wie generell beim Freilichttheater. Hinzu kommt, dass wir wollen, dass auch die Leute von den oberen Balkonen aus zusehen können, dann muss nicht alles im Innenhof bestuhlt werden.
LEONHARD SCHWARZER:	Märchen eigenen sich natürlich gut, man kann von Weitem schon erkennen, worum es geht und was da gerade passiert. Allerdings regen Märchen bei uns Älteren nicht mehr so stark die Fantasie an. Das ist dann doch eher was für die Kleinen.
ANGELIKA ARNOLDT:	Hm, also, das sehe ich anders. Es ist nicht das Märchen an sich, sondern die Art und Weise, wie wir es aufführen, was die Fantasie beflügeln soll. Und ich verspreche Ihnen, wir haben da noch einen großen Vorrat an Ideen, Sie werden sehen!
MODERATORIN:	Angelika, Herr Schwarzer, ich danke für dieses Gespräch.

Hören 19

MODERATOR:	Guten Abend und herzlich willkommen zu unserem Schönheitsratgeber. Heute soll es um die Frage gehen: „Warum ein Tattoo?" Ich begrüße hier im Studio Vera Tisch und Tim Geist.
VERA TISCH:	Guten Abend!
TIM GEIST:	Schönen guten Abend.
MODERATOR:	Vera, du hast dir das erste Tattoo mit 14 Jahren stechen lassen, inzwischen bist du 18 Jahre alt und hast drei Tattoos. Und nun sagst du, sie müssen weg. Warum?
VERA TISCH:	Ich mag sie einfach nicht mehr an mir. Ich habe das Gefühl, das ist nicht mein Körper, die Tattoos sind mir fremd geworden.
MODERATOR:	Hat dich da ein besonderes Erlebnis beeinflusst oder ist das einfach so über dich gekommen?
VERA TISCH:	Es ist wohl beides. Natürlich spielt es eine Rolle, dass mein neuer Freund die Tattoos nicht wirklich mag. Andererseits sagt er, dass er mich liebt und akzeptiert, so, wie ich bin. Nein, ich glaube eher, dass ich mich selbst verändert habe und mich mit den Tattoos nun einfach nicht mehr identifizieren kann. Ich empfinde sie auch nicht mehr als schön.
MODERATOR:	Tim, du arbeitest für ein Tattoo-Studio und hast dich darauf spezialisiert, besonders kunstvolle Tätowierungen anzufertigen. Was ist denn die besondere Herausforderung in deinem Beruf?
TIM GEIST:	Da ist zum einen sicherlich das Fachwissen, denn eine Tätowierung ist in jedem Fall ein Eingriff in die körperliche Unversehrtheit. Sie muss sorgfältig gemacht werden und es kommt auch auf eine gute Nachbehandlung an, denn nach der Tätowierung besteht eine erhöhte Infektionsgefahr. Der andere Punkt ist der, dass ich als Tätowierer gut mit meinen Kunden kommunizieren können muss.

	Da braucht es sehr viel Fingerspitzengefühl, denn ich muss ja herausfinden, was der Kunde oder die Kundin will und was für sie oder ihn passt. Denn eins ist klar: So einfach ist das nicht, ein Tattoo wieder loszuwerden. Auch das ist ein größerer Eingriff in den Körper.
MODERATOR:	Was bewegt die Menschen denn, sich ein Tattoo stechen zu lassen? Vera, was waren für dich damals die Gründe?
VERA TISCH:	Sicher hat eine Rolle gespielt, dass meine Freundinnen das auch machen ließen. Und es gehört ja auch Mut dazu, denn schließlich ist es schmerzhaft. Ja, ich würde sagen, es ist eine Art Mutprobe. Das hat mich damals veranlasst, mir mein erstes Tattoo stechen zu lassen.
MODERATOR:	Gibt es da nicht andere Möglichkeiten, Mut zu beweisen? Ich denke zum Beispiel an Dinge, bei denen man dann selber sehr aktiv sein muss. Im Tattoo-Studio ist es ja eigentlich nur der Tätowierer, der etwas macht.
TIM GEIST:	Darin besteht ja gerade der Mut: sich einer Situation auszusetzen, sie nicht mehr zu beherrschen. Ich kann Vera sehr verstehen, wenn sie sagt, dass das für sie den Ausschlag gab. Und noch etwas ist wichtig: die Ästhetik. Ich verstehe mich da wirklich als Tattoo-Künstler, das heißt, ich empfinde das, was ich produziere, tatsächlich als schön. Tattoos und Tätowierungen machen den Körper zu etwas Besonderem, Einmaligem. Ich glaube, das ist auch für viele noch ein Motiv, wenn es um die Frage geht: Will ich ein Tattoo?
VERA TISCH:	So weit habe ich damals, ehrlich gesagt, gar nicht gedacht. Klar, ich mochte die Tattoos, die ich mir ausgesucht hatte. Und ich konnte mir beim besten Willen nicht vorstellen, dass sich meine Meinung dazu ändern könnte. Tja, jetzt bin ich ein bisschen schlauer geworden.
MODERATOR:	Was würdest du denn jemandem, der sich ein Tattoo stechen lassen möchte, raten?
VERA TISCH:	Ich würde sagen: Denk lieber zweimal drüber nach! Vielleicht magst du es irgendwann nicht mehr.
MODERATOR:	Vera und Tim, ich danke euch beiden für dieses Gespräch.

Hören 20

Ich begrüße Sie herzlich zu meinem Vortrag „Regeln für die Handynutzung". Mein Name ist Ralf Steger und ich bin Psychologe und freier Buchautor. Liebe Zuhörerinnen und Zuhörer, es ist nicht nur an Schulen ein großes Thema, sondern auch in vielen Familien: Wie viel Handy- und Smartphone-Nutzung ist noch gut, aber wann wird es ungesund oder sogar schädlich? Und: Kann man wirklich lernen, mit diesem Gerät verantwortungsvoll umzugehen? Wie fange ich damit an? Nun, hier kann eine gründliche Selbstbeobachtung bereits zu ersten, wertvollen Erkenntnissen führen. Wenn Sie merken, dass Sie auf Ihr Handy kaum noch verzichten können und es ständig in der Hand halten müssen, ist bereits die höchste Alarmstufe geboten. Aber auch die Angewohnheit, sich jedes Mal von wichtigen Dingen ablenken zu lassen, wenn sich das Handy mit einer neuen Nachricht meldet, sollte uns zu denken geben. Dabei wissen wir es alle, Erkenntnisse bedeuten noch nicht, dass sich auch tatsächlich etwas ändert. Um dies zu erreichen, müssen wir eine Vorgehensweise im Kopf haben, die so konkret wie möglich sein sollte, um das von uns gewünschte Ziel – in diesem Fall also ein sinnvoller Umgang mit dem Handy – auch wirklich umzusetzen. Wie aber könnte so ein konkreter Maßnahmenkatalog aussehen? Nun, der Plan sollte Regeln enthalten, die nicht nur genau formuliert sind, sondern auch gut in die Realität umgesetzt werden können. Eine Regel wie „maximal zwei Stunden täglich am Handy" hört sich zwar zunächst überzeugend an, ist in der Praxis dann aber kaum realisierbar. Denn wir greifen ja oft nur für wenige Minuten am Stück zu unserem Handy, was heißt, dass wir es dann schnell wieder weglegen und etwas anderes machen. Am Ende des Tages lässt sich die Zeit, die man mit dem Gerät tatsächlich verbracht hat, also kaum noch korrekt addieren.

Hier gilt, dass es sinnvoller ist, sich nicht nur eine Gesamtstundenzahl vorzunehmen, sondern in dieser Hinsicht auch mit sich selbst eine präzisere Verhaltensregel zu vereinbaren. Diese könnte beispielsweise so aussehen: „Du darfst mit deinem Handy bis zu viermal am Tag etwas machen, aber niemals länger als dreißig Minuten." Weitere, ebenfalls gut realisierbare Regeln sind, die Handynutzung zum einen an bestimmte Orte zu knüpfen, etwa an den Schreibtisch oder an das Wohnzimmer. Die Regel könnte heißen: „Du darfst im Wohnzimmer und in deinem Zimmer am Schreibtisch mit dem Handy spielen, aber das Bett ist tabu." Zum anderen haben sich Tageszeiten in diesem Zusammenhang sehr bewährt. Beispielsweise: „Du darfst am Nachmittag bis 18.00 Uhr etwas mit deinem Handy machen, die Zeit danach ist dann aber handyfrei." Auch sollte man sich bewusst machen, dass die Handynutzung kaum vereinbar ist mit anderen Tätigkeiten, wie z. B. dem Essen. Also: „Finger weg vom Handy bei Tisch!" Wenn Sie diese selbst gesetzten Regeln befolgen, werden Sie sehen, dass Sie insgesamt freier und selbstbewusster mit dieser verführerischen Technik umgehen. Ich danke Ihnen für Ihre Aufmerksamkeit!

Hören 21

Ich begrüße Sie herzlich zu meinem Vortrag zum Thema „Motivation". Mein Name ist Karin Reiber und ich bin Psychologin und freie Motivationstrainerin.

Liebe Zuhörerinnen und Zuhörer, Sie kennen das sicherlich: Eine große Aufgabe liegt vor Ihnen, zum Beispiel das Aufräumen des Kellers. Es müsste dringend gemacht werden, aber Sie schieben es immer wieder auf. Und Sie haben ein schlechtes Gefühl.

Ihr Gefühl irrt nicht. Denn wer aufschiebt, kommt keinen Schritt weiter. Es nützt nichts, die Arbeit muss ja erledigt werden. Und mit jedem weiteren Tag, der vergeht, wächst Ihr Gefühl der Unzufriedenheit. Was hier hilft, ist nicht der Zwang zur Selbstüberwindung, sondern die Selbstmotivation. Wer sich selbst motivieren kann, hat mehr Spaß, erzielt bessere Ergebnisse und ist entspannter. Forschungsergebnisse aus der ganzen Welt lassen daran keinen Zweifel aufkommen.

Wie aber funktioniert Selbstmotivation? Zuallererst sollten Sie sich mit der Aufgabe intensiver auseinandersetzen. Machen Sie sich klar, worin für Sie der Nutzen besteht, wenn Sie diese tatsächlich erledigt haben! Dieser Nutzen muss nicht unbedingt sichtbar sein, sondern es reicht, wenn Sie ein bestimmtes Gefühl damit verbinden. Beim Zimmeraufräumen zum Beispiel wäre es das Gefühl, nun wieder in einem gemütlichen, schönen Raum zu sein, ein Gefühl von Wohlsein also.

In einem zweiten Schritt sollten Sie die Aufgabe in kleinere Arbeitsschritte zerlegen. Es fällt allen Menschen bedeutend leichter, sich für einen einzelnen Schritt zu motivieren als für eine große, kaum überschaubare Aufgabe. Man könnte also zum Beispiel mit einer bestimmten Ecke im Zimmer beginnen. Oder man entscheidet sich, zunächst die wichtigen Dinge aufzuräumen wie den Schreibtisch oder den Kleiderschrank. Eine andere Weise, die Aufgabe kleiner zu machen, besteht darin, sie in Zeitabschnitte zu zerlegen. Sie könnten sich also sagen: Ich räume jetzt für eine Stunde im Zimmer auf und schaue, wie weit ich komme. Wenn Sie sich zu einer Aufgabe motivieren, achten Sie bitte darauf, dass auch das, was Sie im Innern zu sich selbst sagen, motivierend ist. Tatsächlich ist es ja so, dass man die meisten Aufgaben ohne größere Probleme erledigen kann. Wie anders fühlt sich ein „Puh, ich muss jetzt das Zimmer aufräumen!" an als ein „Ich will das jetzt gern machen!". Über den inneren Monolog können Sie sich also auch selbst wesentlich beeinflussen. Wählen Sie dabei Wörter, mit denen Sie positive Assoziationen verbinden und erfinden Sie dazu innere Bilder. Wer zum Beispiel sein Zimmer als „Chaoskammer" bezeichnet, wird vor seinem inneren Auge einen Raum sehen, in dem man sich nicht länger aufhalten möchte, es sei denn, man liebt das Chaos. Wer das Zimmer aber ganz sachlich als einen Raum betrachtet, in dem man sich auch gern mit seinen Freunden trifft, wird sich gleich sehr viel motivierter fühlen. Probieren Sie es einfach mal aus.

Ich danke Ihnen für Ihre Aufmerksamkeit!

Hören 22

Goethe Zertifikat B2 für Jugendliche, Simulation Hören

Das Modul Hören hat vier Teile. Du hörst mehrere Texte und löst Aufgaben dazu. Lies jeweils zuerst die Aufgaben und höre dann den Text dazu. Für jede Aufgabe gibt es nur eine richtige Lösung. Vergiss bitte nicht, deine Lösungen auf den Antwortbogen zu übertragen. Dazu hast du nach dem Modul „Hören" fünf Minuten Zeit. Am Ende jeder Pause hörst du dieses Signal. ♪

Wörterbücher und Mobiltelefone sind nicht erlaubt.

Hören, Teil 1

Du hörst fünf Gespräche und Äußerungen. Du hörst jeden Text einmal.
Zu jedem Text löst du zwei Aufgaben. Wähle bei jeder Aufgabe die richtige Lösung.

Lies jetzt das Beispiel. Dazu hast du 15 Sekunden Zeit.

JUNGE:	Na, Julia, was hast du denn in den Ferien so alles vor?
MÄDCHEN:	Ich habe mir einen Ferienjob im Hotel gesucht. In Travemünde, das liegt an der Ostsee. Dort will ich sechs Wochen lang als Zimmermädchen arbeiten. Du weißt doch, ich brauche das Geld. Um nach der Schule dann durch Südamerika zu reisen.
JUNGE:	Sechs Wochen Ostsee ist aber auch schon mal nicht schlecht. Hast du da freie Tage?
MÄDCHEN:	Ja, einen freien Tag pro Woche. Ansonsten arbeite ich vormittags auf der Etage, also Betten machen und so, und nachmittags in der Wäscherei. Das ist viel Arbeit, aber ich freue mich. Ich liebe die Ostsee.

Lies jetzt die Aufgaben 1 und 2.

JUGENDLICHER:	Warum kommst du nicht mit zum Klettern in die Berge?
JUGENDLICHE:	Weißt du, ich habe mit dem Klettern aufgehört. Es hat mir in der Halle ja noch Spaß gemacht und ich war dann auch ein paarmal am Berg, aber beim letzten Mal, da habe ich erkannt, dass das doch nicht so die richtige Sache für mich ist. Es war total steil und ich habe richtig Panik bekommen. Nun habe ich entschieden, mit dem Bergwandern weiterzumachen. Da kann ich meine Kondition genauso gut trainieren, aber gleichzeitig auch die irre Aussicht genießen.

Lies jetzt die Aufgaben 3 und 4.

REPORTER:	Und nun zu unserem nächsten Thema in der Reihe „Ferien vor der Haustür". Heute geht es um den Bayerischen Wald. Frau Jonas, Sie betreuen die Erlebnistouren im Arberland. Um was für Abenteuer geht es denn?
FRAU JONAS:	Oh, mit mehr als 3 500 Veranstaltungen ist das Angebot größer als je zuvor. Zu Fuß, mit dem Fahrrad oder mit dem Boot lassen sich viele Abenteuer in Begleitung von Naturexperten erleben. Zum Beispiel bieten wir in der Dämmerung eine Führung zu Luchs und Wolf im Tierfreigehege an. Oder Sie unternehmen mit dem Ranger im Nationalpark einen Urwaldspaziergang. Der erklärt Ihnen dann genau, was sich im Wald so alles tut, wenn er sich selbst überlassen bleibt.

Lies jetzt die Aufgaben 5 und 6.

JUGENDLICHER:	Wie war denn dein Bewerbungsgespräch für den Ferienjob? Erzähl.
JUGENDLICHE:	Na ja, ich war am Anfang doch recht aufgeregt. Dann habe ich aber daran gedacht, wie ich das zu Hause mit Max geübt habe, also die Körperhaltung und so, und dadurch wurde ich ruhiger. Die Fragen, die sie gestellt haben, waren für mich auch alle ganz gut

zu beantworten, wir haben das ja geübt, also ich habe kein einziges Mal gepatzt. Mal sehen, was da nun rauskommt. Ich glaube, ich habe wirklich eine Chance auf den Job.

Lies jetzt die Aufgaben 7 und 8.

Die Werbung mit Plakaten gilt heute als nicht mehr ganz zeitgemäß. Dabei weisen Experten immer wieder darauf hin, dass es sich bei einem Plakat gerade um eine äußerst effiziente Werbeform handelt. In einer Zeit, in der sich die Menschen in anderen medialen Kanälen regelrecht verlaufen, wäre es umso wichtiger, auch traditionelle Formen der Werbung zu pflegen. Allerdings sei darauf zu achten, dass sich das Plakat in seiner Machart von anderen Plakaten abhebt. Jedes Werbeplakat, so die Experten, müsse so gestaltet sein, dass es beim Betrachter als etwas ganz Besonderes im Gedächtnis bleibt.

Lies jetzt die Aufgaben 9 und 10.

FRAU 1:	Musst du für deine Präsentation am Freitag noch viel vorbereiten?
FRAU 2:	Na ja, es geht. Für den Hauptteil fehlen mir noch ein paar Informationen.
FRAU 1:	Worum geht es denn eigentlich?
FRAU 2:	Ich werde über das Münchner Haus der Kunst referieren.
FRAU 1:	Oh, das ist aber ein interessantes Thema.
FRAU 2:	Ja, allerdings kann man sich dabei auch ganz schön verzetteln, besonders wenn es um die Geschichte des Hauses geht. Ich habe schon so viel überlegt und dann doch wieder verworfen. Nun denke ich, einfach drei wichtige Ausstellungsobjekte zu präsentieren, die das Museum in der Vergangenheit durchgeführt hat. Aber wie gesagt, ich muss mich damit noch ein bisschen mehr beschäftigen.
FRAU 1:	Dann wünsche ich dir viel Erfolg!

Ende Teil 1

Hören Teil 2

Du hörst im Radio ein Interview mit einer Persönlichkeit aus der Wissenschaft.
Du hörst den Text zweimal. Wähle bei jeder Aufgabe die richtige Lösung.

Lies jetzt die Aufgaben 11 bis 16. Dazu hast du 90 Sekunden Zeit.

MODERATORIN:	Ich begrüße heute Olaf Hansen, Soziologe aus Hamburg und Lehrbeauftragter an der Universität. Er sagt: „Wir müssen in den Städten mehr Wohnraum für Wohngruppen schaffen. Die Zeiten des Single-Wohnens sind vorüber." Herr Hansen, was verstehen Sie unter einer „Wohngruppe"?
HERR HANSEN:	Zunächst sollte man definieren, was überhaupt eine Gruppe ist. In der Soziologie versteht man darunter den Zusammenschluss von Menschen, die sich in regelmäßigem Kontakt miteinander befinden, gemeinsame Ziele verfolgen und sich als zusammengehörig empfinden …
MODERATORIN:	… und eine Wohngruppe würde demnach das Ziel verfolgen, gemeinsam zu wohnen.
HERR HANSEN:	Ja, so ist es.
MODERATORIN:	Dann ließe sich also auch eine herkömmliche Familie als Wohngruppe bezeichnen.
HERR HANSEN:	Ja genau. Aber schauen Sie, die Familie ist heute längst nicht mehr die einzige Form, in der Menschen miteinander leben und zusammenwohnen.
MODERATORIN:	Das mag sein, aber gerade in den Städten geht doch der Trend eher zum Allein-Wohnen.

HERR HANSEN:	Ja und nein, es lässt sich eben auch ein gegenteiliger Trend beobachten. Junge Leute gründen heute wieder mehr Familien.
MODERATORIN:	Und dabei gilt nicht mehr, dass es Familien eher an den Stadtrand oder ins Grüne zieht?
HERR HANSEN:	Nein, nicht unbedingt, denn junge Familien haben heute erkannt, dass die Städte über eine bessere Infrastruktur und zum Teil auch über eine Vielzahl an Angeboten verfügen, die man auf dem Lande so nicht findet. Denken Sie zum Beispiel an die Förderung und den Ausbau von Kitas und Kindergärten, was den Abzug junger Familien aufs Land nachweisbar verhindern kann.
MODERATORIN:	Welche anderen Wohngruppen als die Familie sind denn noch im Visier der Forschung?
HERR HANSEN:	Oh, wir erleben heute, dass sich immer mehr Menschen dazu entschließen, auch außerhalb der traditionellen Familie mit anderen zusammenzuleben, sei es mit Freunden und Kollegen oder auch mit Fremden.
MODERATORIN:	Mit Fremden?
HERR HANSEN:	Ja, es ist zum Beispiel der Trend zu sehen, sich in gemeinschaftliche Wohnprojekte einzukaufen. Hier bietet der Markt ein schier unüberschaubares Angebot. Zu nennen wären z. B. die vielen Projekte des generationenübergreifenden Wohnens, von denen ja nicht nur die Älteren profitieren. Aber natürlich müssen Menschen, die auf diese Weise zusammenkommen, irgendwie einander zugetan sein. Oft sind es die gemeinsamen Ideale, die das Zusammenwohnen und -leben tragen.
MODERATORIN:	Und es wäre die Aufgabe der Städte …
HERR HANSEN:	… dafür zu sorgen, dass genügend Raum für solche Projekte vorhanden ist, ja.
MODERATORIN:	Wie kann das gelingen?
HERR HANSEN:	Die Städte müssen in diesen Trend investieren und die Rahmenbedingungen dafür schaffen, dass sich kreative Wohnideen auch tatsächlich verwirklichen lassen.
MODERATORIN:	Herr Hansen, ich danke Ihnen für dieses Gespräch.

Du hörst jetzt den Text noch einmal. (Es folgt die Wiederholung des Textes.)

Ende Teil 2

Hören Teil 3

Du hörst im Radio ein Gespräch mit mehreren Personen. Die Personen sprechen über „Taschengeld".
Du hörst den Text einmal. Wähle bei jeder Aufgabe: Wer sagt das?

Lies jetzt die Aufgaben 17 bis 22. Dazu hast du 60 Sekunden Zeit.

MODERATORIN:	Ich freue mich, Sie zu unserer Sendung „Das liebe Geld" begrüßen zu dürfen. Unser Thema heute: Taschengeld. Wie viel sollten Eltern ihren Kindern geben und welche Möglichkeiten gibt es, sich etwas dazuzuverdienen? Darüber möchte ich heute mit meinen beiden Gästen sprechen, Stefan Grube und Therese Schneider. Stefan, deine Eltern können es sich nicht leisten, dir ein üppiges Taschengeld zu geben. Und du sagst: Das ist für mich kein Problem.
STEFAN GRUBE:	Ja, die wirtschaftliche Situation meiner Eltern lässt nichts anderes zu. Ich sehe zwar, dass viele meiner Schulkameraden mehr Geld von ihren Eltern bekommen, aber ich verstehe meine Eltern, wenn sie sagen: Mehr geht nicht!
MODERATORIN:	Das heißt, du und deine Eltern, ihr habt das Thema ganz offen miteinander beredet?
STEFAN GRUBE:	Ja, meine Eltern haben mir genau vorgerechnet, wie viel Geld sie im Monat übrig haben und wofür alles ausgegeben wird.

Transkriptionen

MODERATORIN:	Therese, bei dir war das anders. Du hast dich mit deinen Eltern wegen des Taschengeldes zerstritten. Dabei ist Geld ja nicht nur zwischen Eltern und Kindern ein häufiger Streitpunkt. Auch bei erwachsenen Partnern ist es der Grund Nummer eins, weshalb es zu Zerwürfnissen kommt. Hast du eine Idee, woran das liegen könnte? Sind wir alle so auf Geld fixiert?
THERESE SCHNEIDER:	Nein, das nicht, aber das Geld, das mir zur Verfügung steht, berührt meine ureigensten Bedürfnisse. Ohne Geld kann ich mich nicht mit Freunden treffen oder tanzen gehen. Und ohne Geld bin ich auch ganz schnell abgehängt, was die sozialen Netzwerke und Multimedia anbetrifft. Ich war wütend auf meine Eltern, weil ich finde, dass sie mich da zu wenig unterstützen
MODERATORIN:	Nun ist es ja so, dass man mit 15 Jahren schon etwas dazuverdienen kann, zumindest nach dem Jugendarbeitsschutzgesetz. Kam das bei dir denn nicht in Frage?
THERESE SCHNEIDER:	Doch, ich wollte in der Gastronomie aushelfen, der Vater einer Freundin von mir hat eine Bierkneipe. Aber meine Eltern waren dagegen, sie wollten nicht, dass ich abends noch arbeite, und überhaupt, das sei verboten. Dabei gibt es da Ausnahmeregelungen, ich habe mich informiert. Also, ich war stocksauer, denn ich wollte den Job gern machen.
MODERATORIN:	Was ist eurer Meinung nach denn überhaupt ein angemessenes Taschengeld? Stefan, kannst du was dazu sagen?
STEFAN GRUBE:	Ja, es gibt da ja diese Taschengeldtabellen vom Jugendamt, aber das ist nur eine Art Richtschnur. Mit 15 Jahren wären das etwa 30,00 Euro pro Monat. Das ist natürlich nicht viel, vor allem, wenn man in der Großstadt wohnt und sich abends und am Wochenende häufiger mal mit seinen Freunden treffen will.
MODERATORIN:	Gibt es nicht auch andere Möglichkeiten, man muss doch nicht immer gleich gemeinsam Geld ausgeben?
THERESE SCHNEIDER:	Das stimmt, aber wenn man es richtig überlegt, kostet alles irgendwie Geld. Ich denke zum Beispiel an Sport, da kann man nicht viel machen, ohne dass es etwas kostet.
MODERATORIN:	Stefan, wie kommst du denn mit dem wenigen Taschengeld zurecht?
STEFAN GRUBE:	Ich bin sehr sparsam, ich brauche nicht viel. Allerdings bin ich im Fußballverein, und das füllt mich sehr aus. Ich spiele sehr viel Fußball. Den Jahresbeitrag zahlen übrigens meine Eltern, es sind 100 Euro.
MODERATORIN:	Wie schön, du hast ein Hobby, das dir Freude bereitet. Therese, vielleicht begegnet dir ja irgendwann ein Traumjob, den auch deine Eltern akzeptieren. Euch beiden vorerst herzlichen Dank für das Interview.

Ende Teil 3

Hören Teil 4

Du hörst einen kurzen Vortrag. Der Redner spricht über das Thema „Risiken und Chancen des Online-Einkaufs". Du hörst den Text zweimal. Wähle bei jeder Aufgabe die richtige Lösung.

Lies jetzt die Aufgaben 23 bis 30. Dazu hast du 90 Sekunden Zeit.

Liebe Zuhörerinnen und Zuhörer, ich begrüße Sie herzlich zu meinem Vortrag „Risiken und Chancen des Online-Einkaufs". Mein Name ist Thomas Würzer und ich bin als Medienwissenschaftler an der Universität Köln tätig.

Die meisten von uns kennen das: Man müsste dringend etwas Wichtiges einkaufen: Klamotten, etwas für das Zimmer, oder irgendein Geschenk für die nächste Geburtstagsparty. Man hat aber keine Zeit dazu. Was liegt da näher, als einen Blick ins Internet zu werfen und sich über die Suchfunktion die ganze Palette an möglichen Angeboten zeigen zu lassen. Bestellt ist dann schnell, und nicht selten wird nach zwei bis drei Tagen ein Paket mit dem gewünschten Gegenstand direkt an die Haustür geliefert.

Und so, das wissen wir alle, boomt das Einkaufen im Internet. Denn wir müssen nur ein paar wenige Klicks ausführen und schon ist die Ware auf dem Weg zu uns nach Haus. Was so verlockend wirkt, hat allerdings auch ein paar Kehrseiten, und über diese möchte ich mit Ihnen nun sprechen. Da wäre nämlich zuallererst die fehlende Beratung. Sie haben das sicherlich schon mal erlebt, dass Sie nach einem Kauf zugeben mussten, dass es besser gewesen wäre, sich vorher eingehender zu informieren.

Dass man bei Interneteinkäufen generell Zeit spart, halte ich für einen Irrtum. Denn wir vergessen oft, die Zeit mit einzurechnen, die wir benötigten, um uns selbstständig zu informieren. Hinzu kommt, dass die Ware, sollte sie uns nicht gefallen oder passen, zurückgeschickt werden muss, was nicht immer problemlos über die Bühne geht.

Deshalb ist es ratsam, sich im Vorfeld sehr genau darüber Gedanken zu machen, was man tatsächlich will. Man sollte sich nicht nur klar machen, was genau man möchte, sondern auch, welche Informationen man dazu braucht und wie man an diese kommt. Finde ich sie über das Internet? Frage ich Freunde oder Bekannte oder hilft nur ein Besuch im Fachhandel? Und schließlich: Kann ich den gekauften Artikel problemlos zurückschicken, wenn er meinen Vorstellungen nicht entspricht? Bedenken sollte man auch, dass Versandhändler mit einem gewissen Prozentsatz an Rücksendungen rechnen und die Kosten dafür in den Preis einrechnen. Ein über das Internet bestelltes Produkt kann unter Umständen teurer sein als beim Fachhändler um die Ecke.

Besondere Vorsicht ist bei vermeintlichen Schnäppchen geboten, wenn der Preis deutlich von dem durchschnittlichen Verkaufspreis abweicht. Ein neuer Mantel im Wert von 400 Euro wird kaum für hundert Euro oder weniger zu kriegen sein. Hier handelt es sich oft um unseriöse Anbieter, bei denen man am Ende eine andere, billigere oder im schlimmsten Fall gar keine Ware erhält.

Abschließend möchte ich sagen, dass wir als Kunde eine spezifische „Online-Einkaufskompetenz" brauchen, die wir erlernen müssen, so wie wir das Einkaufen auch in der „analogen" Welt der Einkaufsstraßen gelernt haben. Grundsätzlich gilt für beide Bereiche, dass nur derjenige, der gut geplant an seine Einkäufe herangeht, tatsächlich profitiert und in beiden Bereichen tatsächlich gute Kaufentscheidungen trifft. Dabei gilt als oberstes Prinzip: Nimm dir ausreichend Zeit!

Ich danke Ihnen für Ihre Aufmerksamkeit.

Du hörst jetzt den Text noch einmal. (Es folgt die Wiederholung des Textes.)

Ende Teil 4

Schreibe jetzt deine Lösungen auf den Antwortbogen. Dazu hast du fünf Minuten Zeit.

Ende des Moduls Hören

Vollständiger Text zu Seite 19, Aufgabe b

Effermint *forte*

Dieses Arzneimittel ist ohne Rezept erhältlich, jedoch sollten die Vorschriften genau beachtet werden. Wenn die Symptome nicht nach zwei Tagen abflauen, muss ein Arzt konsultiert werden. Effermint *forte* sollte nicht angewendet werden bei Personen, die ein Medikament aus der Klasse der Monoaminoxidose-Hemmer einnehmen oder die an Magengeschwüren leiden.
In manchen Fällen können bei empfindlichen Personen allergische Hautreaktionen oder Übelkeit auftreten. Dann muss die Behandlung sofort unterbrochen werden.